Les Animaux héros de l'Histoire

Jean-Baptiste Pattier – Emmanuel Chaunu

Les Animaux héros de l'Histoire

ARMAND COLIN

Mise en pages : Nord Compo

NOUS NOUS ENGAGEONS EN FAVEUR DE L'ENVIRONNEMENT :

PAPIER CERTIFIÉ

Nos livres sont imprimés sur des papiers certifiés pour réduire notre impact sur l'environnement.

Le format de nos ouvrages est pensé afin d'optimiser l'utilisation du papier.

Depuis plus de 30 ans, nous imprimons 70 % de nos livres en France et 25 % en Europe et nous mettons tout en œuvre pour augmenter cet engagement auprès des imprimeurs français.

Nous limitons l'utilisation du plastique sur nos ouvrages (film sur les couvertures et les livres).

Armand Colin est une marque de Dunod Éditeur
11, rue Paul-Bert, 92240 Malakoff
www.dunod.com
ISBN 978-2-200-63059-1

SOMMAIRE

Avant-propos

Je n'ai jamais eu d'animaux de compagnie. J'ai grandi dans un environnement qui considérait les animaux domestiques comme amusants ou mignons, mais avant tout pénibles et très contraignants. De plus, un membre très estimé de mon entourage avait tenu, un soir, à table, des propos que je résumerais ainsi : « Les animaux sont stupides, n'ont aucune sensibilité et aucun intérêt. Les animaux sont bêtes, voilà tout. Ils ne sont bons qu'à être mangés. À l'inverse, nous, les hommes, sommes des êtres supérieurs capables de penser, car doués d'une intelligence qui surpasse la Nature. » J'avais sept ans quand j'entendis ces mots. Cette phrase définitive est restée ancrée dans mon esprit pendant de longues années. De mon côté, en grandissant, je me suis forgé ma propre opinion et je tiens à remercier trois personnes qui m'ont ouvert les yeux sur une nouvelle considération à porter aux animaux. Cet ouvrage est ainsi dédié à ma grand-mère Renée Lecomte, à mon très cher Jean Millet, biologiste, et à Joël Hamard, ami, compagnon de route et de reportages en baie du Mont-Saint-Michel dans ce magnifique département de la Manche, en Normandie.

Ma grand-mère était une fidèle téléspectatrice de *30 millions d'amis*, des documentaires animaliers et de l'émission légendaire et pleine d'humour qui faisait parler les bêtes *La Vie privée des animaux* de Patrick Bouchitey. Nous regardions souvent ces programmes ensemble. Elle était aussi une grande lectrice de revues et de livres consacrés aux animaux. Elle me les montrait et m'en offrait quelquefois. Elle m'a transmis le plaisir d'écouter le chant des « petits oiseaux », comme elle disait. Jean Millet, chercheur en biologie a toujours su partager avec précision et modestie ses connaissances, son émerveillement et sa fascination pour tous les êtres vivants peuplant notre extraordinaire et si fragile planète. Les animaux sont pour lui une source de recherche scientifique, de curiosité et d'admiration perpétuelles. Je le remercie pour sa capacité à transmettre sa passion. Je me souviens aussi des longues discussions avec Joël Hamard dans notre voiture de reportage, sillonnant des paysages naturels exceptionnels peuplés de phoques, d'oiseaux, de chevaux, d'ânes, de moutons ou de vaches. Géographe de formation et grand amoureux des chats, journaliste reporter d'images et photographe au regard précis et contemplatif, Joël est capable de reconnaître le chant, la silhouette, les couleurs de n'importe quel oiseau. Sa passion et ses connaissances ont toujours suscité en moi une grande admiration. Comme ma grand-mère, il a toujours été choqué et révolté par la maltraitance animale. Certains de nos tournages ont alimenté des conversations passionnantes au gré des kilomètres parcourus. Plusieurs souvenirs me reviennent. Parmi les images fixées dans ma mémoire de jeune reporter, je n'oublierai jamais celle de cette vache épuisée, transpirante, allongée sur la paille. Elle venait de mettre au monde son petit veau. Mais la voilà frappée violemment à coups de pied dans le ventre par un agriculteur impatient de la voir se relever, sourire sadique en coin. Finalement, un des membres d'un célèbre syndicat agricole, évidemment méfiant des journalistes et de notre caméra, s'empresse de demander à son camarade de se calmer. Je n'oublierai jamais non plus les cochons enfermés dans les hangars d'élevages intensifs. Toujours à l'esprit, ces truies inséminées et emprisonnées dans des enclos métalliques dont les barres froides collent et écrasent leurs flancs.

Et toutes ces carcasses animales à perte de vue dans un abattoir où les mains de l'hommes les alignent et les découpent dans des chambres froides géantes au sol jonché de viscères et de sang.

Suis-je pour autant vegan ? Activiste animaliste ou végétarien ? La réponse est non. Je suis juste un être humain, à la fois témoin et passeur, avec ses questions et ses doutes. Je transmets les faits et raconte ce que j'ai vu. Au cœur des débats politiques, juridiques ou philosophiques, ces questions interpellent : Les animaux sont-ils des choses ? Des objets ? De la simple bidoche ? L'histoire démontre que non. Dans ce livre, vous allez découvrir que les animaux ont marqué de tout temps l'histoire des hommes, et qu'ils ont tenu une place prépondérante dans de grandes découvertes scientifiques ou explorations. Êtres humains et animaux, nous peuplons ensemble la même planète, notre histoire est liée, indissociable. Ne l'ignorons pas. Ne l'oublions pas.

Jean-Baptiste Pattier,
le 31 août 2023.

Introduction

Les premiers dessins de l'histoire de l'humanité représentent majoritairement des animaux et non des êtres humains. La femme et l'homme préhistoriques ont surtout dessiné et montré les autres êtres vivants peuplant la planète. Contemplation et admiration de la Nature ? Témoignage de pratiques chamaniques ou reconnaissance de l'importance de l'animal pour leur survie ? Nos lointains ancêtres se considéraient-ils semblables aux animaux en qualité d'êtres vivants partageant le même espace ? Ces questions restent sans réponse, mais mettent en exergue la mystérieuse relation ancestrale entre l'homme et l'animal.

En Europe, pendant le paléolithique, de –40 000 à –12 000 ans, les *Homo sapiens* recouvrent les parois des grottes de dessins de félins, de mammouths, d'ours, ou encore de rhinocéros comme dans la grotte Chauvet. Ce site préhistorique situé en Ardèche, à Vallon-Pont-d'Arc, compte quatre cent quarante-sept représentations d'animaux de quatorze espèces différentes. À cette époque, dans l'art pariétal, 94 % des dessins réalisés sur les parois rocheuses sont des figures d'animaux. À partir de – 17 000 ans, le bestiaire des cavernes évolue. Le cheval, le bison, le bouquetin ou encore des cervidés comme le cerf, la biche ou le chevreuil sont particulièrement représentés. L'homme préhistorique semble donc autant fasciné par les animaux que par lui-même au point de déployer un trésor d'ingéniosité pour les peindre ou les graver sur des roches et offrir à ses descendants millénaires des représentations captivantes. L'Unesco a reconnu le caractère exceptionnel et universel du site en 2014 ; la grotte Chauvet est inscrite sur la liste du patrimoine mondial de l'humanité.

En Amérique du Sud, un ensemble d'art rupestre extraordinaire est inscrit depuis 1999 à l'Unesco : la Cueva de las Manos, la « grotte aux mains ». Ce site préhistorique est situé en Argentine, dans la province de Santa Cruz, en Patagonie. Les peintures les plus anciennes ont été réalisées il y a 13 000 ans. Si les images les plus célèbres sont celles de ces mains humaines, dessinées au pochoir comme des empreintes sur la roche, des scènes de chasse « montrant des animaux et des silhouettes humaines en pleine interaction » sont aussi représentées. À certains endroits, la main de l'homme semble vouloir toucher l'animal qui gambade. En décembre 2020, une découverte en Colombie fait la Une de la presse internationale. Certains surnomment cet endroit « la chapelle Sixtine de la préhistoire ». Il s'agit de peintures réalisées en Amazonie il y a 12 500 ans sur les parois de falaises qui s'étendent sur près de 13 kilomètres au cœur de la jungle colombienne de la Serranía de la Lindosa. Les archéologues ont recensé des dizaines de milliers de dessins représentant des humains entourés d'animaux aujourd'hui disparus, comme le mastodonte, cousin du mammouth ayant vécu à l'ère glaciaire ou encore le paléolama. Des paresseux géants, des chevaux, des tortues, des vautours, des boas figurent aussi sur ce bestiaire fascinant. Ailleurs dans le monde, d'autres œuvres ancestrales où les animaux ont une place particulière ont été mises au jour.

En 2017, dans une grotte d'Indonésie, des archéologues australiens et indonésiens ont découvert ce qui pourrait être la plus ancienne scène de chasse représentée dans le monde et ainsi la première œuvre d'art figurative de l'histoire planétaire. Un article publié à son propos dans la célèbre revue scientifique

Nature en décembre 2019 rencontre un écho mondial. Cette scène de chasse a été réalisée aux alentours de –44 000 et encore une fois l'animal y occupe une place prépondérante. Des individus mi-humains mi-animaux sont représentés chassant ou capturant des cochons ou des petits bovidés. Selon les chercheurs, ils ressemblent au sanglier des Célèbes et à l'anoa des plaines, des espèces de cochons et de buffles sauvages qui vivent toujours en Indonésie. Cette œuvre préhistorique fascine la communauté scientifique mondiale. Les chercheurs se demandent quelle est la signification de ces dessins. Quelle histoire ont voulu raconter ses auteurs ? Pourquoi des individus hybrides, moitié homme, moitié animal, sont-ils représentés ? Sont-ils le témoignage d'un lien spirituel spécial, ressenti ou vécu entre l'humain et les animaux ? Est-ce la sensation de ne faire qu'un sur la même planète ?

Une autre découverte passionnante est rendue publique en octobre 2020. Cinq cent soixante-douze peintures rupestres ont été identifiées par une équipe internationale de chercheurs en terre d'Arnhem, au nord de l'Australie, là où vivent plusieurs communautés aborigènes. Ces œuvres préhistoriques sont datées entre –7 400 et –4 000 ans. Les scientifiques ont découvert ces dessins entre 2008 et 2018 au sein de 87 cavités et abris rocheux. Les animaux sont davantage représentés que les humains : 58 % des figures analysées sont des bêtes. « Ces relations animal-humain sont au centre du message des artistes », explique Paul Taçon, professeur à l'université de Griffith, en Australie. Des kangourous, des wallabys, des oiseaux, des serpents, des petits marsupiaux et des espèces disparues de ce territoire, comme les tigres de Tasmanie, sont dessinés. Dans ce bestiaire d'Océanie, la présence d'un dugong, mammifère marin herbivore, est considérée exceptionnelle. Avant de le représenter, encore fallait-il l'avoir observé. L'artiste se serait donc rendu sur la côte située à des dizaines de kilomètres plus au nord.

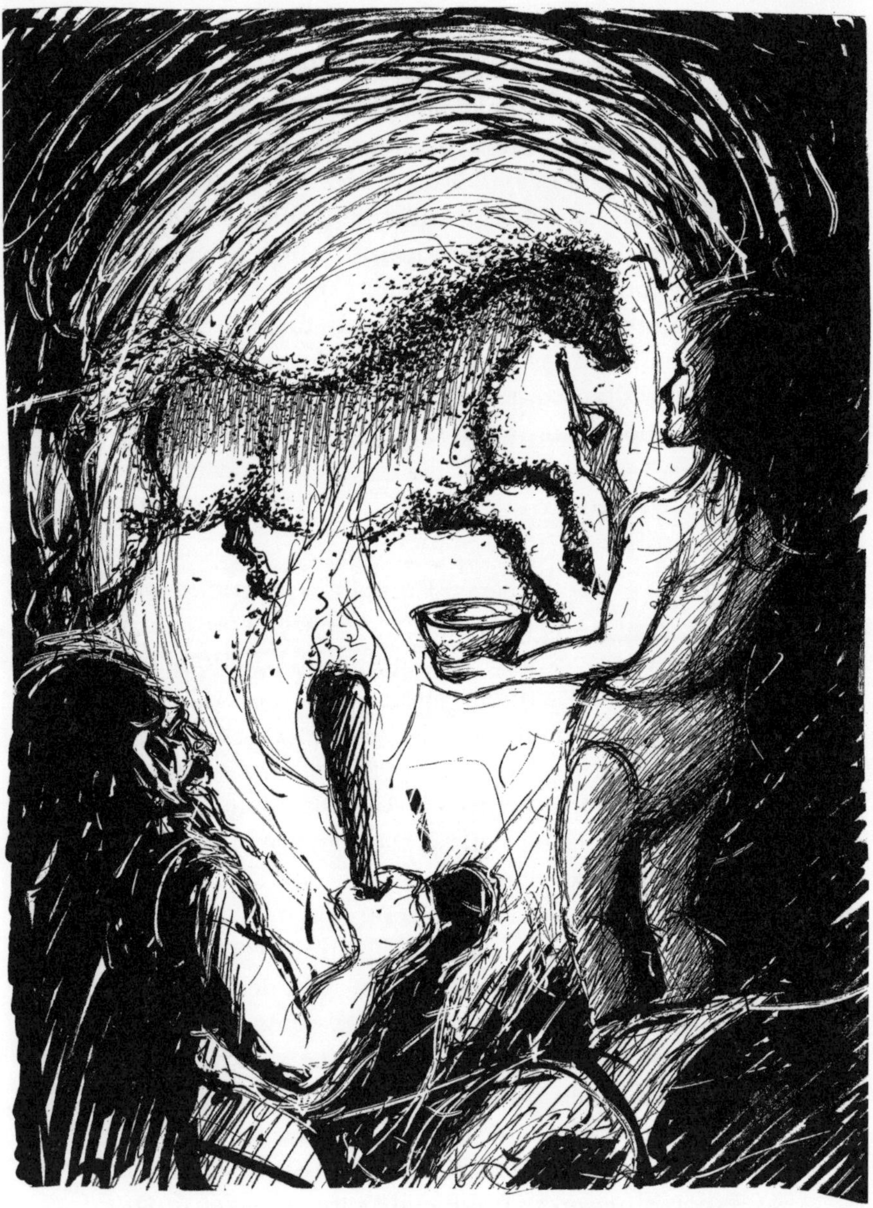

Connectés à la nature et au vivant, nos ancêtres les plus lointains offrent aux animaux une place majeure dans les représentations du monde, de leur monde. Des dizaines de milliers d'années plus tard, l'être humain dans sa course vers le progrès, son exploration de la planète, ses conquêtes et ses guerres n'a eu de cesse de recourir aux animaux. Indispensables compagnons de route pour les voyages, partenaires de toutes les guerres, trophées prestigieux pour les puissants, cobayes essentiels dans plusieurs grandes découvertes scientifiques, les animaux ont joué un rôle dans l'histoire du monde et de l'humanité. Un rôle et un statut toujours attribué, désiré et imposé par l'être humain pour servir les ambitions de son espèce.

Les animaux sont engagés à leurs dépens dans de nombreux conflits de l'Antiquité à l'époque contemporaine. Les animaux combattants, héros des guerres sur les champs de bataille, essentiels aux déplacements des troupes, des vivres, de l'armement, à l'expansion de la possession et de la domination de nouveaux territoires, mascottes aux côtés des soldats sur le front ou à l'arrière, ouvriront ce récit. Cette partie est la plus importante car elle s'étend sur plusieurs millénaires et représente la participation active et imposée mais aussi le sacrifice de nombreux animaux aux destins de l'humanité. Les sources, les représentations, les études sur les animaux présents dans les affrontements sont aussi particulièrement abondantes.

Au-delà des armées et des théâtres d'opérations militaires, les animaux sont toujours mobilisés. Leur contribution forcée aux avancées scientifiques est certaine dans le domaine spatial, médical ou encore dans l'étude des effets secondaires des radiations nucléaires. La deuxième partie de cet ouvrage proposera une synthèse de l'utilisation des animaux dans la recherche scientifique de la fin du XVIIIe siècle à nos jours, période où l'évolution technologique et le progrès, à la fois à l'origine des révolutions industrielles et portés par celles-ci, sont sans précédent dans l'histoire. Cette étude de l'implication des animaux dans les découvertes scientifiques soulèvera la question de l'expérimentation animale. Enfin, il sera question de l'« animal trophée » aux côtés des puissants, exposé par les souverains pour magnifier leur gloire et offert en cadeau diplomatique dès l'Antiquité. À l'époque contemporaine, les animaux de compagnie qui partagent la vie des gouvernants et des résidences de pouvoir sont photographiés et filmés à l'envi. Grâce à la communication, certains de ces animaux deviendront des icônes au service d'une image positive des dirigeants.

Tout au long de cet ouvrage, les animaux qui ont tenu un rôle dans les épisodes et temps historiques relatés seront tantôt anonymes, constituant l'ensemble d'une espèce utilisée par les humains à des fins établies, tantôt distingués de leurs congénères en raison d'un fait ou d'une participation à notre histoire jugés remarquables. Des « animaux masses », embarqués dans les grandes fresques historiques, émergent des individualités à l'existence saluée et honorée.

LES ANIMAUX, HÉROS DES CHAMPS DE BATAILLE

Les premières représentations d'animaux engagés dans les guerres datent de l'Antiquité. Elles sont visibles sur les bas-reliefs des temples des pharaons d'Égypte, sur les vases grecs, les mosaïques romaines. Dans leurs récits, des historiens antiques ont raconté la présence d'animaux enrôlés au sein des armées des conquérants. Les tableaux des époques médiévale, moderne et contemporaine sur lesquels les corps des animaux s'entremêlent à ceux des hommes m'ont toujours saisi d'effroi. Ces corps s'affrontent ou jonchent le sol, cadavres de chair, d'os et de sang ; terribles scènes où la mort semble menacer et emporter les animaux et les humains à égalité.

L'animal de toutes les guerres est sans nul doute le cheval, c'est pourquoi nous lui consacrerons un long passage. Dès l'Antiquité, les équidés sont aux côtés des puissants et au cœur des armées. Bucéphale est aussi célèbre qu'Alexandre le Grand et ses conquêtes. Aux époques médiévale et moderne, les seigneurs, les aristocrates, les rois et les princes devaient savoir monter à cheval pour aller guerroyer, prendre la tête des croisades, élargir les frontières des royaumes ou des empires. Au XIXe siècle, Vizir et Marengo, deux chevaux de Napoléon sont entrés dans l'histoire.

D'autres animaux ont participé à des guerres en se pliant à la volonté, à l'organisation et aux desiderata des êtres humains : les éléphants, les pigeons, les chats et les chiens. Une grande place leur sera consacrée. Différentes missions sont attribuées à tous ces animaux présents sur les zones de conflit. Ils doivent effrayer, impressionner, délivrer un message capital, réconforter ou même tuer les rats et espionner. Ces animaux sont capturés, enfermés, domestiqués, élevés et entraînés pour atteindre ces objectifs. De nombreux animaux seront tués dans l'accomplissement de leur tâche.

La reconnaissance officielle de leur sacrifice sera tardive. Il faut attendre la Seconde Guerre mondiale et la médaille Dickin, instituée au Royaume-Uni en 1943, pour récompenser les actes de bravoure des animaux en temps de guerre. Au début du XXIe siècle, un monument en hommage aux animaux engagés dans les conflits est érigé à Londres.

Les éléphants, chars d'assaut vivants de l'Antiquité

Les éléphants de guerre sont particulièrement présents sur les champs de bataille antiques au Moyen-Orient et en Asie. Les premiers éléphants engagés dans des armées furent au service de rois indiens. Leur existence est mentionnée par l'auteur grec Ctésias de Cnide au Ve siècle av. J.-C. Dans l'un de ses récits, il rapporte des propos entendus : « Quand le roi des Indiens part en guerre, cent mille éléphants le précèdent et trois mille autres, dressés à détruire l'enceinte des villes ennemies, le suivent ». Personne ne sait qui a tenu ces paroles, ces chiffres n'ont aucun fondement et pourraient être qualifiés de fantaisistes. Pourtant, Ctésias ne les met pas en doute car il fut témoin d'une scène ancrée dans sa mémoire lors d'un voyage à Babylone. Il a vu de ses yeux un seul pachyderme détruire un palmier !

En outre, nous savons qu'au temps de Ctésias, des éléphants sont intégrés dans des armées du nord-ouest de l'Inde. À l'époque, ces territoires font partie de l'Empire perse. De multiples sources attestent de l'utilisation des forces des éléphants tant sur le champ de bataille que lors des sièges pour démolir les protections des cités adverses. Ils sont la plupart du temps capturés jeunes pour être ensuite apprivoisés et dressés. Ils mesurent en moyenne trois mètres et pèsent jusqu'à cinq tonnes. Quand ils sont en groupe, ils peuvent lancer une charge impressionnante

ou se positionner en première ligne pour stopper une offensive adverse. Lors d'une attaque, la vitesse des éléphants peut atteindre jusqu'à trente kilomètres-heure. Les chevaux ennemis sont alors effrayés et la cavalerie totalement désorientée. Un éléphant de guerre est aussi très difficile à tuer. Cette condition est un précieux atout. En revanche, si l'éléphant prend peur, il peut se retourner contre son propre camp. Quand l'animal devient hors de contrôle, les cornacs, maîtres, dresseurs et conducteurs de l'éléphant, plantent alors un outil tranchant entre ses deux oreilles et l'abattent.

Durant l'Antiquité, les éléphants se sont illustrés dans une trentaine de batailles devenues emblématiques. L'histoire et le mythe de deux chefs de guerre légendaires sont associés aux éléphants : Alexandre le Grand, illustre conquérant macédonien et Hannibal, général de Carthage qui défia Rome.

Alexandre le Grand et les éléphants

Le premier face-à-face entre des éléphants et un conquérant européen a lieu au IVe siècle av. J.-C. C'est une rencontre au sommet. En 331 av. J.-C., Alexandre le Grand affronte le roi perse Darius III à Gaugamèles, une immense plaine située dans l'actuel Irak, à l'est de Mossoul. En supériorité numérique, l'armée perse aligne une quinzaine d'éléphants de guerre pour impressionner l'adversaire et lui faire peur. Cependant, le bataillon de pachyderme n'a pas joué un rôle clé au cours de la bataille de Gaugamèles. Une fois l'effet de surprise passé, les Macédoniens ne sont finalement pas déstabilisés par ces grands animaux. Après plusieurs heures de combats, Alexandre et ses hommes réussissent une percée et foncent sur Darius III. Effrayé, le roi perse s'enfuit. Le Macédonien remporte ainsi une victoire historique et s'empare des éléphants de son adversaire sans pour autant les intégrer à son armée. En octobre de la même année, Alexandre conquiert Babylone qui deviendra la capitale de son empire. Pour étendre son influence, il poursuit son expédition vers l'est, multiplie les batailles et rencontre de nombreux éléphants sur sa route. Les pachydermes ont surtout joué un rôle symbolique pour représenter sa force et sa gloire.

En l'an 326 av. J.-C., Alexandre marche sur l'actuel Pakistan. Le voilà opposé à Poros, roi indien qui règne sur un territoire situé dans l'actuelle province pakistanaise du Pendjab. Le champ de bataille est séparé par le fleuve Hydaspe. Dans l'histoire, cet épisode deviendra « la bataille de l'Hydaspe ». Au sein de son armée, Poros possède deux cents éléphants de combat. Ils représentent un danger pour la cavalerie d'Alexandre car ils rendent les chevaux particulièrement nerveux. Le conquérant va parvenir à retourner cette troupe imposante contre son adversaire, mais non sans difficulté. Les éléphants empêchent l'armée d'Alexandre de couper les lignes adverses. Face à l'incapacité de créer une ouverture, il est impossible pour les Macédoniens de lancer leurs chevaux. Conscient de cette configuration inédite et compliquée, Alexandre va encore démontrer ses talents de stratège. Il commence par envoyer des cavaliers contourner les Indiens pour les attaquer par l'arrière. Puis il part à l'assaut des rangs ennemis sur le flanc gauche. En réaction, Poros et ses troupes se rabattent là où les éléphants sont groupés. Le mouvement des troupes indiennes est exactement celui qu'Alexandre avait anticipé. Pris de panique, certains éléphants échappent à tout contrôle et sèment la panique dans les rangs indiens. Sous l'écrasant soleil de juillet et dans un nuage de poussière, des éléphants écrasent plusieurs combattants dans la plus grande confusion. À quelques mètres, d'autres éléphants toujours en formation chargent des soldats d'Alexandre et parviennent à les stopper, mais c'est déjà trop tard. Près de la moitié des éléphants auraient été tués et de nombreux cornacs– à la fois maîtres, dresseurs et conducteurs de l'éléphant – auraient perdu la vie. L'armée du roi indien est bientôt encerclée. Après des négociations, Poros, grièvement blessé et épuisé, finit par se rendre. C'est une nouvelle victoire éclatante pour Alexandre le Grand qui ne tarde pas à s'emparer de plus de quatre-vingts éléphants survivants. L'histoire ne dit pas ce qu'il advint des cornacs.

L'éléphant, symbole de puissance, de gloire et d'exotisme

En juillet 326 av. J.-C., la bataille de l'Hydaspe a marqué l'histoire de l'Antiquité. La médaille commémorative baptisée « le décadrachme de Poros » est une monnaie frappée vers 323 av. J.-C., sur laquelle on peut observer un éléphant et un cheval. Son lieu de création et de fabrication est toujours l'objet de controverses. Alexandre le Grand pourrait avoir commandé cette médaille en personne pour célébrer sa victoire sur Poros. Certains y voient le souverain indien représenté sur son éléphant pointant sa lance vers un cavalier qui pourrait être Alexandre ou un soldat de son armée. Cette représentation pourrait vouloir magnifier Alexandre le Grand qui a triomphé d'un souverain indien assis sur le plus impressionnant des animaux. L'idée est certainement de matérialiser et de transmettre le souvenir d'une victoire singulière tout en célébrant la force, la puissance, la bravoure d'Alexandre et de ses armées. C'est peut-être aussi la volonté d'afficher la suprématie des cavaliers et leur monture sur les éléphants et les cornacs. Toujours est-il que deux animaux figurent sur l'une des pièces commémoratives antiques les plus célèbres et les plus fascinantes.

Trois ans après la bataille de l'Hydaspe, l'expédition d'Alexandre le Grand s'arrête en Inde à la demande de ses hommes, exténués par des années de conquêtes. En 323 av. J.-C., Alexandre rentre à Babylone avec ses soldats et deux cents éléphants. Les éléphants capturés dans les rangs ennemis n'ont jamais servi dans les armées d'Alexandre. En revanche, l'illustre conquérant les exhibait pour son prestige.

Au fil des siècles, dans la mémoire collective, les succès d'Alexandre sont associés aux éléphants devenus les impressionnants trophées de ses victoires. Dans de nombreuses représentations, les éléphants tiennent une place centrale pour montrer sa puissance et pour rappeler la géographie de ses conquêtes. Ils sont ainsi les emblèmes de l'esprit d'aventure véhiculé par cette expédition exceptionnelle qui se déroula aux confins du monde connu par les Occidentaux.

Les éléphants d'Hannibal à l'assaut des Alpes

C'est l'un des exploits militaires les plus extraordinaires de l'Antiquité. En l'an 218 av. J.-C., Hannibal, général carthaginois âgé de vingt-huit ans, décide de franchir les Alpes pour surprendre et défier Rome. Ce projet peut paraître complètement fou. Dans cette improbable expédition, neuf mille chevaux, quatre mille ânes, bœufs, chèvres et trente-sept éléphants accompagnent Hannibal et ses trente mille soldats. Pour bien comprendre cette incroyable entreprise, il faut rappeler le contexte marqué par la rivalité entre Rome et Carthage et les guerres puniques.

Au IIIe siècle av. J.-C., Carthage est un port militaire et commercial de premier plan, situé en Afrique du Nord, dans l'actuel golfe de Tunis. Carthage et Rome se disputent la suprématie en Méditerranée lors de plusieurs batailles appelées les guerres puniques. La première guerre punique (264-241 av. J.-C.) se solde par une défaite des Carthaginois. La flotte romaine s'impose aux îles Égates[1] et Carthage doit céder la Sicile à Rome. La Corse et la Sardaigne tombent aussi aux mains des Romains et sont regroupées en une seule et même province romaine. Pour compenser toutes ces pertes, Carthage se tourne alors

1. La bataille des îles Égates a lieu le 10 mars 241 av. J.-C. Ces îles sont situées à l'ouest de la Sicile, elles sont aussi appelées les îles Égades.

vers les richesses ibériques et fonde Carthagène « la nouvelle Carthage », située sur la côte est de l'Espagne, dans l'actuelle région de Murcie. La lutte entre les deux grandes puissances pour la domination en Méditerranée est donc loin d'être terminée.

Le légendaire Hannibal est né à Carthage durant la première guerre punique en l'an 247 av. J.-C. Il est âgé de six ans quand son père, Hamilcar, général et grande figure carthaginoise, perd la première guerre punique. L'expansion de Rome représente une menace majeure pour Carthage et Hannibal. Ce dernier est donc déterminé à empêcher Rome d'asseoir son hégémonie en Méditerranée. En 219 av. J.-C., Hannibal et ses hommes partent de Carthagène afin d'assiéger pendant huit mois Sagonte, cité de la côte est de la péninsule Ibérique placée sous la protection des Romains[2]. C'est une victoire pour Hannibal qui s'empare de la ville en 218 av. J.-C. En réaction, Rome déclare la guerre à Carthage. C'est le point de départ de la deuxième guerre punique (218-201 av. J.-C). Pour réduire à néant les prétentions romaines, Hannibal a l'ambition suprême de défier Rome sur son propre sol. Pour atteindre l'Italie, il est impossible de prendre la mer, car les trois îles majeures – Sicile, Corse, Sardaigne – sont sous domination romaine ; et pour contrôler la Méditerranée Rome a investi dans sa flotte de combat. La seule solution pour tromper l'ennemi est d'emprunter la voie terrestre en partant de la péninsule Ibérique. Une fois en Gaule, le danger est toujours prégnant, surtout sur le pourtour méditerranéen. Il faut donc passer par l'intérieur des terres et franchir les Alpes. Ces routes périlleuses au cœur des montagnes auraient pu paraître infranchissables pour Hannibal, ses hommes et ses éléphants. Pourtant, ils vont bien réussir une prouesse sans égale dans l'histoire.

---

2. Sagonte est située à trente kilomètres au nord de l'actuelle Valence.

À cet instant, une question centrale doit être posée : pourquoi Hannibal décide-t-il d'emmener ses éléphants au cours de son périple ? Pour les Carthaginois, cet animal revêt une importance et une symbolique particulières. Les éléphants de combat, surnommés souvent « les chars d'assaut de l'Antiquité », sont souvent aux côtés des Carthaginois pour faire peur à l'ennemi et le déstabiliser. Un éléphant est aussi représenté sur une face d'une des pièces de monnaie carthaginoises les plus emblématiques. De l'autre côté, figure le visage d'Hamilcar, le père d'Hannibal. Cet animal est ancré dans la culture carthaginoise, au point de partager l'affiche avec un prestigieux général sur une pièce de monnaie.

Une autre interrogation qui a longtemps fasciné les chercheurs porte sur l'origine de ces éléphants. À cette époque, si la plupart des pachydermes des armées proviennent d'Asie, ceux engagés dans les rangs de Carthage sont vraisemblablement d'Afrique. L'éléphant représenté sur la fameuse pièce de monnaie possède toutes les caractéristiques d'un animal du continent africain. Le creux formé sur sa colonne vertébrale diffère de la courbe des éléphants d'Asie. La forme des oreilles interpelle aussi. Elles sont plus grosses et plus arrondies. D'un point de vue géographique, l'Afrique du Nord n'est pas connue pour être une terre d'éléphants, mais alors, de quelle région sont issus ces animaux ? Selon certains historiens, les Carthaginois allaient chercher leurs éléphants dans le sud du massif de l'Atlas. Il y a 6 000 ans, le Sahara n'était pas si aride et inhospitalier. Selon une hypothèse, un petit groupe d'éléphants se serait retrouvé piégé dans le nord de l'Afrique quand le Sahara a commencé à s'assécher progressivement. Plusieurs centaines d'années après, les Carthaginois auraient côtoyé ainsi les descendants de cette colonie d'éléphants restée en Afrique du Nord avant de les intégrer à leurs armées.

En ce XXIe siècle, historiens, biologistes, vétérinaires et dresseurs s'interrogent : ces éléphants pouvaient-ils gravir des montagnes ? Ont-ils été entraînés ? Comment étaient-ils accompagnés ? Concernant la capacité des éléphants à évoluer dans les montagnes, la réponse est oui. Selon les scientifiques, leur morphologie leur permet de marcher dans ce milieu naturel. En revanche, beaucoup de questions restent en suspens sur leur comportement. Comment ont-ils réagi face à une rivière à traverser ou des éboulements de pierres ? Les éléphants ont sans doute été dressés pendant plusieurs mois par un ou plusieurs cornacs. Durant son expédition, Hannibal a dû emmener des maîtres éléphants pour prévenir les réactions imprévisibles et la peur des animaux dans un milieu inconnu. Autre point capital de cette expédition : l'organisation et l'acheminement des repas des éléphants. Chaque pachyderme adulte consomme autour de cent quarante kilogrammes d'herbe par jour. Or, l'éléphant ne peut pas s'arrêter quand il veut pour manger au risque de retarder l'avancée des troupes. De plus, une fois en altitude, l'herbe, les arbres ou les fleurs se raréfient. Alors les bœufs et les ânes transportent deux à quatre bottes de foin chacun. On aurait presque envie de parler de « solidarité animale » si elle n'avait pas été imposée par l'homme.

La première étape de cette grande entreprise est le passage du continent africain au continent européen. Les éléphants rencontrent pour la première fois l'obstacle de l'eau quand ils rejoignent la péninsule Ibérique par la mer depuis les côtes nord-africaines. Ils sont transportés par bateau et cette traversée leur a certainement permis de s'habituer aux remous des vagues et à la vue de cet élément liquide et instable. Avant le grand voyage peut-être ont-ils été dressés et entraînés depuis le port de Carthagène ? Après cette première étape, place à la traversée de la Gaule. Une fois partis de l'actuelle Espagne pour rejoindre l'Italie par la route terrestre, les éléphants et leurs compagnons de route, Hannibal et ses hommes, doivent relever un premier grand défi : le passage du Rhône. C'est un fleuve imposant, dangereux, aux courants violents et imprévisibles. Selon certains historiens, ils auraient réalisé cette traversée entre Beaucaire dans le Gard et Orange dans le Vaucluse. Le lieu précis du passage du Rhône est toujours l'objet de débats.

Pour savoir comment s'est déroulée la traversée du Rhône et cet extraordinaire voyage, la source la plus intéressante est le récit de Polybe. Cet historien grec et théoricien politique est un auteur contemporain des guerres puniques. Ses *Histoires* ont été rédigées soixante ans environ après l'événement. Il a très certainement rencontré et interrogé des témoins ou des proches des soldats. Polybe raconte comment les éléphants ont pu traverser le Rhône. Une digue constituée de plusieurs radeaux est construite et solidement arrimée à la rive du fleuve. Elle est recouverte de terre pour faire croire au prolongement du chemin par lequel ils étaient arrivés. Au bout de cette digue, un double radeau est mis à l'eau, lui aussi est recouvert de terre pour donner l'illusion d'une continuité de ce sentier. Les éléphants sont ensuite embarqués et des bateaux les tirent jusqu'à l'autre rive. Lors de l'opération, certains éléphants paniquent et tombent à l'eau. Plusieurs cornacs sont noyés mais les éléphants parviennent à se sauver grâce à leur trompe longue et puissante. Elle leur permet de respirer pendant qu'ils traversaient à pied, la trompe faisant office de tuba naturel. Selon certains historiens, de l'herbe ou différents types de nourriture ont pu être disposés sur les radeaux pour inciter les éléphants à monter dessus.

Une fois le Rhône franchi, les éléphants d'Hannibal partent à l'assaut des montagnes. En ce qui concerne le passage des Alpes, les historiens sont à la fois fascinés et divisés sur l'itinéraire emprunté par les éléphants, Hannibal et son armée. Mais par quel chemin et quel col des Alpes françaises ont-ils bien pu passer ? Polybe et l'historien romain Tite-Live[3] livrent plusieurs descriptions des paysages mais rien de très précis. Parmi les multiples hypothèses, deux cols retiennent l'attention des chercheurs : le col Clapier appelé aussi col de Savine, situé à 2 477 mètres d'altitude au-dessus de la vallée de la Maurienne, et le col de la Traversette dans les Alpes du Sud. Ce dernier est à 2 947 mètres d'altitude.

Dans les années 2010, une équipe internationale de chercheurs menée par Bill Mahaney de la York University de Toronto réalise des études sur la route qui passe par le col de la Traversette en direction de l'Italie. Les éléphants et le corps expéditionnaire d'Hannibal s'arrêtaient parfois pendant plusieurs jours pour récupérer des efforts fournis lors de cette ascension éprouvante. 2 200 ans plus tard, les scientifiques ont identifié un large site propice à accueillir le repos des éléphants et le bivouac d'Hannibal. Des prélèvements en profondeur sont alors effectués dans une tourbière. Les résultats de cette enquête passionnante sont publiés en 2016 dans la revue *Archaeometry*. Ils révèlent des traces abondantes de bactéries présentes dans le crottin de cheval. Les taux sont bien plus élevés que la moyenne. Une analyse au carbone permet de dater l'échantillon aux alentours de 200 av. J.-C. Pour les chercheurs, ces données pourraient être la preuve du passage et du séjour d'un grand nombre d'animaux et de personnes à cet endroit. Hannibal et ses éléphants seraient donc passés par la route la plus méridionale pour rejoindre l'Italie. Cette découverte partage toujours la communauté scientifique mais le col de la Traversette est devenu une des pistes privilégiées.

3. Tite-Live a vécu deux siècles après les faits (59 av. J.-C–17 apr. J.-C.) et aurait compilé des récits originaux disparus depuis.

Reprenons la route avec notre impressionnant cortège. Toujours selon Polybe, au début de l'ascension, Hannibal et son armée semblent évoluer dans des gorges. Ils sont attaqués par des ennemis, sans doute des Celtes. Ces individus hostiles leur jettent des pierres et font rouler des rochers dans leur direction au point de blesser et d'effrayer soldats et bêtes. Le lendemain, quelques kilomètres plus loin, d'autres petits groupes s'en prennent à l'armée d'Hannibal mais ils ne parviennent pas à stopper sa progression. Polybe raconte : « Ses éléphants lui furent d'une grande utilité. En effet, à l'endroit de la colonne où ils se trouvaient, les ennemis n'osaient pas attaquer de ce côté, effrayés qu'ils étaient par le spectacle insolite offert par ces animaux. »

Arrivé au sommet au bout du neuvième jour d'ascension, l'Italie se dévoile. Hannibal prononce un discours à ses troupes en montrant les plaines du Pô et désignant l'emplacement de Rome. De la neige est déjà tombée, c'est le cœur de l'automne. Et voici une des images les plus mythiques de l'histoire de l'Europe : les éléphants d'Hannibal franchissant un col enneigé. Mais côté italien, un plus grand péril attend cette folle équipée : la descente des pentes recouvertes de neige et verglacées par endroits. Le passage est étroit, incliné et entouré de précipices. Un éboulement récent n'arrange rien. Les éléphants, Hannibal et ses troupes se retrouvent bloqués. Il faut donc tenter de trouver un autre passage sur le côté. Mais de la neige fraîche recouvre une couche inférieure glacée. Plusieurs bêtes et soldats patinent, glissent et chutent. Hannibal décide de faire une pause et de camper sur la crête avec toute son armée et ses éléphants affamés. Il a fallu une journée de labeur pour dégager un passage dans les rochers enneigés. Parmi les animaux, les chevaux et les bêtes de charge sont les premiers à passer et à s'installer dans un nouveau campement. Mais de l'autre côté, les éléphants sont toujours pris au piège. Non sans mal, ils parviennent à passer ce dernier obstacle au beau milieu des Alpes.

Polybe revient sur cette nouvelle péripétie vécue par Hannibal et ses bêtes imposantes : « [...] à grand-peine, en trois jours, après avoir beaucoup souffert, il fit passer les éléphants, qui se trouvaient en très mauvais état par suite de la faim, car les hauteurs des Alpes et tous les points qui touchent aux sommets sont complètement dépourvus de végétation et nus, puisque la neige y demeure continuellement, été comme hiver [...] ». Trois jours plus tard, Hannibal et ses éléphants abordent enfin la plaine. Si Hannibal a perdu des hommes et des chevaux comme le mentionnent différents écrits, des éléphants ont-ils péri au cours de cette improbable aventure ? Aucune réponse ne peut être apportée, les textes sont silencieux à ce sujet. Cette légendaire épopée n'aura de cesse de fasciner chercheurs, curieux et rêveurs.

Surus, le préféré d'Hannibal

La présence d'un pachyderme asiatique aux côtés d'Hannibal est aussi évoquée. Il s'agirait de l'éléphant prénommé Surus, « le Syrien ». Il aurait été le préféré d'Hannibal. Surus serait l'un des descendants des éléphants d'Asie ramenés en Égypte par Ptolémée, lieutenant d'Alexandre le Grand. Selon plusieurs auteurs romains, Surus serait le dernier éléphant ayant traversé les Alpes toujours en vie quelques mois plus tard. Le dramaturge romain Plaute s'est amusé à décrire les attributs apposés sur l'éléphant. En plus d'une couverture et d'un bouclier rouge, un *howdah* aurait été disposé sur son dos. C'est une sorte de palanquin, c'est-à-dire une plateforme couverte. Juché sur son éléphant, Hannibal aurait ainsi observé le champ de bataille et dirigé les affrontements en Italie.

Surus devait surtout servir à transporter le général carthaginois affaibli après la perte d'un œil causée par une mystérieuse infection survenue en 217 av. J.-C. L'historien romain Tite-Live en fait le récit : « Hannibal lui-même, souffrant des yeux par

suite des variations de température du printemps qui faisaient alterner la chaleur et le froid, porté par le seul éléphant survivant pour être élevé au-dessus de l'eau, par suite de veilles, de l'humidité des nuits, de l'air des marais qui alourdissaient la tête, et parce que ce n'était ni l'endroit ni le moment de se faire soigner, perdit un œil ». Et voilà l'illustre général carthaginois ne voyant plus que d'un œil, soutenu et porté par son éléphant favori. Surus, fidèle compagnon d'infortune d'Hannibal dans cette audacieuse conquête.

La bataille de Zama

Après plusieurs grandes victoires en 217 et 216 av. J.-C., Hannibal s'installe à Capoue dans l'Italie méridionale entre 216 et 215 av. J.-C. Il espère sceller des alliances contre Rome avec des peuples et des cités. Cette stratégie politique fonctionne plutôt bien mais Rome résiste et plusieurs peuples lui sont toujours fidèles à l'exemple des Étrusques. En 212-211 av. J.-C. Rome assiège Capoue et reprend la ville. À partir de cet événement, tout bascule en faveur des Romains. En -211, Hannibal est prêt à marcher sur Rome mais bat en retraite face à la supériorité défensive romaine.

Les années suivantes, après de nombreuses batailles en Italie et en péninsule Ibérique, l'avantage est clairement du côté des Romains qui débarquent en Afrique du Nord en 204 av. J.-C. Hannibal, toujours présent dans le sud de l'Italie, est contraint de rentrer en Afrique et débarque en 203 av. J.-C. Il s'installe près d'Hadrumète, actuellement Sousse en Tunisie. Le 19 octobre 202 av. J.-C., un nouveau contingent d'éléphants est présent sur le champ de bataille lors de l'ultime affrontement à Zama entre l'actuelle Khedara en Algérie et Siliana au nord-ouest de la Tunisie.

Au cours de cette rencontre décisive, Hannibal place en première ligne ses quatre-vingts éléphants puis des mercenaires dont des Gaulois en deuxième ligne et son infanterie en troisième et dernière ligne. Face à eux : les armées romaines avec à leur tête le général romain Scipion et à ses côtés, le roi numide Massinissa. Le début des combats est marqué par la charge des quatre-vingts éléphants d'Hannibal. Leurs silhouettes imposantes se dirigent tout droit vers les légions romaines. Pour effrayer les pachydermes, les Romains les accueillent avec le son tonitruant des trompettes et des clairons. Les éléphants s'affolent et plusieurs se retournent contre leur propre armée, semant la zizanie par endroits. D'autres éléphants et leurs cornacs poursuivent leur route et pénètrent l'armée ennemie en empruntant certains passages laissés libres. Les vélites – fantassins légers de l'armée romaine – en profitent pour lancer et planter leur javelot dans les flancs des pauvres bêtes.

Dans cette épouvantable confusion mêlée aux douleurs et à la peur, les malheureux éléphants deviennent fous et incontrôlables. Leur débandade provoque des dégâts dans les rangs adverses et met à mal l'unité des cavaleries des deux camps. Le combat s'achève par une écrasante victoire des Romains. Hannibal parvient à regagner Carthage et annonce à son peuple qu'il a non seulement perdu une bataille mais surtout la guerre. C'est la fin de la deuxième guerre punique. La paix est acquise en 201 av. J.-C. mais à quel prix ? Carthage doit livrer à Rome la majorité de ses bateaux longs de combat et n'en garder que dix. Elle s'engage à ne pas faire la guerre sans l'accord de Rome et doit régler la dette de guerre en cinquante ans. Enfin, une clause démontre l'importance des pachydermes : Carthage doit donner à Rome tous ses éléphants.

Des cochons enflammés contre les éléphants

Avant de refermer cette partie consacrée à l'éléphant de guerre durant l'Antiquité, il est important de tenter de répondre à une question. La présence de cochons enduits d'huile d'olive ou d'un autre produit avant d'être enflammés par les Romains et lancés sur les éléphants ennemis, est évoquée par certaines sources. Ces « porcs de guerre » ou « porcs incendiaires » auraient été employés par les Romains lors d'affrontements contre Pyrrhus, roi d'Épire. Cela est-il fondé ?

En 296 av. J.-C., ce grand chef de guerre à l'origine de la célèbre expression « victoire à la Pyrrhus » « hérite d'un royaume montagnard coincé entre l'Illyrie, la Macédoine, la Thessalie et l'Étolie »[4]. Après avoir agrandi son territoire, il se rêve en Alexandre le Grand, à la tête d'un royaume où Grèce, colonies grecques d'Italie du Sud et Macédoine seraient unifiées. Dans sa folle ambition, Pyrrhus est ravi de répondre en 280 av. J.-C. à l'appel à l'aide de la colonie grecque de Tarente située sur la côte du célèbre talon de la botte italienne. À cette époque le sud de l'Italie est en proie à des affrontements entre colonies grecques rivales, victimes de troubles internes causées par des peuples indigènes mécontents de la présence grecque. Certaines colonies grecques demandent de l'aide à Rome, alors que d'autres demeurent hostiles à toute présence romaine et s'opposent même aux partisans pro-romains des colonies grecques. C'est le cas de Tarente qui demande l'appui de Pyrrhus.

Printemps 280 av. J.-C., Pyrrhus débarque à Tarente avec vingt-cinq mille hommes et ses nombreux éléphants. Ces pachydermes orientaux auraient donc foulé pour la première fois le sol italien grâce à Pyrrhus. S'ensuivent trois affrontements, Héraclée en 280 av. J.-C., Ausculum en 279 av. J.-C. et Bénévent en 275 av. J.-C. À Héraclée comme à Ausculum, plusieurs sources antiques racontent l'importance des charges des éléphants dans les victoires finales de Pyrrhus. À l'inverse,

4. Le Glay, Voisin, Le Bohec, *Histoire romaine*, 7e édition corrigée, PUF, Paris, 2002.

lors de sa défaite à Bénévent, ses éléphants auraient été effrayés par les cris des truies et des cochons enflammés par les Romains. Ce sont donc les hurlements des porcs consumés par les flammes qui auraient causé la déroute des pachydermes de Pyrrhus. Le conditionnel reste de mise car toutes les sources antiques ne font pas référence à cet épisode. Selon l'auteur antique Élien, les Romains ont utilisé face à Pyrrhus la même technique de défense que la cité grecque de Mégare qui repoussa en 276 av. J.-C. une attaque macédonienne[5].

La démobilisation progressive des pachydermes

L'Antiquité fut l'âge d'or des éléphants de guerre. Au Moyen-Âge, ils commencent à se faire rares sur les champs de bataille. En Chine, un bataillon d'éléphants des Han du Sud combat pour la dernière fois en 971. Ils seront blessés, affolés et tués par les flèches enflammées lancées par l'armée Song. La dernière grande bataille où s'illustrent les éléphants à lieu en Inde en 1398. Toujours en Asie, les Indiens conservent des formations d'éléphants de guerre jusqu'au XVIIIe siècle. La *British Indian Army* démobilise son dernier éléphant de guerre en 1895. À la fin du XIXe siècle, les Vietnamiens utilisent des éléphants contre les Français lors des guerres coloniales mais sans succès.

Au cours de la Seconde Guerre mondiale, des éléphants sont toujours engagés en Asie mais uniquement à l'arrière du front. Ils servent au chargement des avions ou au transport de matériel comme en mars 1942 quand plusieurs centaines de pachydermes participent à l'opération d'évacuation sanitaire de la Birmanie, envahie par les Japonais. Les éléphants sont aussi employés dans le génie pour la construction de ponts

---

5. CALLU, Jean-Pierre, « Éléphants et cochons : sur une représentation monétaire d'époque républicaine », in *L'Italie préromaine et la Rome républicaine*, École française de Rome, 1976, pp. 89-100.

en bois ou pour dégager des obstacles placés par l'ennemi. Le lieutenant-colonel britannique James Howard Williams, devenu expert dans cette activité sera surnommé « Elephant Bill ». Les Japonais seront aussi particulièrement sensibles à l'intérêt des éléphants dans la réalisation d'infrastructures temporaires pour faciliter le déplacement des troupes.

Les chevaux, en première ligne des conquêtes

Le cheval est sans nul doute l'animal qui influença le plus l'histoire de l'humanité. De nombreux scientifiques passionnés ont travaillé pour expliquer, démontrer, raconter le rôle déterminant du cheval dans les conquêtes et la vie des êtres humains. L'origine du cheval domestiqué pour servir l'homme et ses ambitions n'a pas encore révélé tous ses secrets. Les archéologues, biologistes, historiens sont toujours mobilisés pour percer tous ces mystères. En 2019, une équipe internationale de cent vingt-et-un chercheurs, parmi lesquels des scientifiques français du CNRS, a publié les résultats d'une étude saisissante. Ils sont parvenus « à séquencer les génomes de plusieurs centaines de chevaux anciens pour retracer comment l'homme a modifié l'ADN du cheval ces 5 000 dernières années. Ils ont découvert des lignées aujourd'hui disparues aux confins de la Sibérie et au cœur de l'Europe. [...] Ces chercheurs ont aussi révélé comment les expansions historiques des grands peuples cavaliers ont radicalement remodelé la répartition de l'animal. »[6]

6. Saluons ici le travail extraordinaire côté français de Ludovic Orlando, Antoine Fages et Morgane Gibert du laboratoire Anthropologie Moléculaire et Imagerie de Synthèse (CNRS/Université Toulouse III Paul Sabatier). L'étude a été publiée dans la revue scientifique américaine *Cell*.

Les multiples représentations de cet animal au fil du temps sont aussi le témoignage de l'ancrage du cheval dans notre histoire. Il est omniprésent sur les parois des grottes préhistoriques, il est représenté dans l'histoire de l'art dès l'Antiquité et dans différentes civilisations. Les chevaux apparaissent sur les décors des céramiques, les mosaïques et les fresques antiques, sur la broderie de Bayeux pour raconter la conquête de l'Angleterre par Guillaume Le Conquérant. On les rencontre dans les peintures du Moyen Âge jusqu'à nos jours, sans compter les œuvres monumentales, sculptures ou tableaux faisant éloge de la victoire de Clovis à Tolbiac en 496 à celle de Napoléon à Wagram en 1809. Un des lieux les plus fascinants de l'histoire et du patrimoine français est sans nul doute le château de Versailles. Que d'émotions à la découverte de la célèbre galerie des batailles où les chevaux sont par centaines aux côtés des grands hommes à la gloire magnifiée dans ces peintures du XIXe siècle signées Horace Vernet, Eugène Delacroix, François Bouchot ou encore Charles-Philippe Larivière. Quand nous sommes immergés dans ces emblématiques victoires nationales, il est impossible de faire fi de l'animal de prédilection des conquêtes et des guerres : le cheval. Dans ces œuvres – où se mêlent le sang, la mort, la violence et le sacrifice –, le cheval, symbole de puissance, de noblesse, de dynamisme, de maîtrise et de hauteur, tient un rôle tout aussi important que le souverain guerrier dans la représentation des victoires et des célébrations artistiques de la grandeur nationale.

À partir du XXe siècle, si l'évolution technologique de l'armement éloigne le cheval des champs de bataille, il n'en demeure pas moins encore important durant la Première Guerre mondiale. Huit millions d'équidés participent à la Grande Guerre et au moins un million d'entre eux y perde la vie. Même si le cheval n'a plus de fonction essentielle durant la Seconde Guerre mondiale, qui peut rester insensible au sort des chevaux du lac Ladoga ? Cet épisode serait survenu en 1942 en URSS au cours du siège de Leningrad. Pour échapper à un immense incendie dans la forêt de Raikkola, mille chevaux de l'artillerie soviétique s'enfuient avant d'atteindre les rives du lac Ladoga. Ceux qui ne périssent pas dans les flammes se jettent dans les eaux froides. Mais un vent du nord surgit dans la nuit et les chevaux sont pris au piège de la glace. Le lendemain matin, c'est la stupeur à la découverte de cette immense plaque de marbre blanc de laquelle émergent des centaines de têtes de chevaux, comme si elles avaient été déposées sur cette immensité gelée[7]. En ce XXIe siècle, s'il n'est plus question de faire la guerre à cheval, il n'est pas rare d'entendre lors de joutes verbales la célèbre expression « cheval de bataille » pour désigner une idée fixe, un projet à mener avec conviction et détermination.

« La plus noble conquête que l'homme ait jamais faite est celle de ce fier et fougeux animal qui partage avec lui les fatigues de la guerre et la gloire des combats » écrit Buffon dans son *Histoire naturelle* en 1751. La place du cheval dans l'histoire des conquêtes et des guerres est telle qu'il a fallu faire des choix. Reconnaissons ici le caractère subjectif des épisodes qui seront racontés. Pour souligner la présence systématique du cheval, toutes les périodes seront abordées, de l'Antiquité à l'époque contemporaine. La sélection a été guidée en fonction du rôle tenu par les chevaux au cours d'un événement, la portée historique des faits relatés et leur grand intérêt suscité parmi la communauté scientifique et chez les historiens.

Il est difficile de dater précisément l'entrée des chevaux dans l'histoire des guerres et des conquêtes mais elle pourrait s'inscrire dans une large période comprise entre 4 000 et 3 000 ans

7. MALAPARTE, Curzio, *Kaputt*, Denoël, France, 1943.

avant notre ère. Les premiers chevaux auraient été domestiqués par l'homme dans le nord du Kazakhstan il y a environ 5 500 ans. Les premières traces d'un usage de chevaux dans un cadre militaire datent des environs de 3 000 av. J.-C. À cette époque, le cheval est utilisé par les armées comme force de traction. Les équidés tirent des chars sur lesquels des combattants prennent place. Les premiers chars seraient apparus en Mésopotamie. Les premiers véhicules ressemblaient à des chariots solides en bois et à quatre roues. En raison de leur lourdeur, ce sont des bœufs, des ânes ou des mulets qui les tiraient. Puis les roues ont changé. Dotées de rayons, elles sont devenues plus légères offrant ainsi une meilleure vitesse et davantage de mobilité. Le char devient alors un équipement militaire très important. Des modèles à deux roues sont conçus et les chevaux, plus véloces que les ânes ou les bœufs, sont choisis pour les tirer. Les chars et les chevaux s'imposent alors dans toutes les armées de l'Antiquité.

Le plus vieux traité équestre au monde

Au tout début du XXe siècle, des archéologues allemands réalisent des fouilles en Anatolie centrale, à environ cent soixante kilomètres d'Ankara, dans l'actuelle Turquie. Cette campagne a lieu sur l'emplacement supposé de la cité antique d'Hattusa, capitale de l'un des royaumes les plus puissants du Moyen-Orient fondé par les Hittites au cours du II millénaire avant notre ère. Au cours de cette campagne de fouille, les chercheurs allemands mettent au jour un trésor inestimable révélant toute l'importance accordée au cheval il y a près de 4 000 ans. Il s'agit de quatre tablettes d'argile couvertes de caractères cunéiformes et du fragment d'une cinquième, avec au total mille quatre-vingts lignes. Parmi celles-ci, le plus vieux traité équestre de l'histoire. Son auteur est un maître appelé Kikkuli. Ce manuel aurait été rédigé entre le XVe et le XIVe siècle av. J.-C. Destiné aux armées hittites, il présente les soins à prodiguer aux chevaux de guerre et propose surtout un programme d'entraînement avec des exercices à effectuer sur plusieurs mois. Le planning reconstitué à partir des tablettes retrouvées correspond aux cent quatre-vingt-quatre premiers jours. Il n'est pas encore question de cavalerie. Ces chevaux ne sont pas destinés à être montés mais à être attelés à des chars. Les Hittites étaient réputés pour leurs chars particulièrement sophistiqués grâce à de nouvelles techniques mises au point pour plier et façonner le bois. Tirées par deux chevaux très préparés, trois personnes pouvaient y prendre place : le conducteur, un combattant armé de lances, d'arcs ou de flèches et un porteur de bouclier.

Ramsès II et la bataille de Qadesh : le plus grand affrontement de chars

La plus grande bataille de chars tirés par les chevaux de tous les temps oppose les Égyptiens aux habiles Hittites aux environs de 1274 ou 1286 av. J.-C. Elle se tient à Qadesh, à l'ouest de l'actuelle Syrie près de Homs. Cet affrontement est considéré comme l'un des événements les plus importants de l'histoire du Proche-Orient ancien. Depuis près d'un siècle, les Hittites et les Égyptiens se disputent le contrôle de la plaine syrienne, carrefour du commerce antique.

Le mythique Ramsès II est à la tête des armées égyptiennes. Face à lui : le roi hittite Muwatalli II. Environ trois mille chars tirés par deux chevaux sont alignés côté Hittite et entre deux mille et deux mille cinq cents par les Égyptiens. Au total, entre dix mille et douze mille quatre cents chevaux auraient pris part à cette bataille. Des fantassins étaient également présents, mais les chars et les chevaux ont toujours passionné les chercheurs et attisé tous les fantasmes.

Cette bataille servit l'image de puissance de Ramsès II. Un relief exceptionnel du temple d'Abou Simbel raconte la bataille de

Qadesh. Ramsès II domine la scène, il apparaît beaucoup plus grand que les autres personnages. Il est debout sur son char, tiré par deux chevaux en mouvement. On le voit en train de tirer des flèches. Une multitude de chevaux et de plus petits chars hittites sont représentés, mais le pharaon semble bien supérieur à eux. Réputés pour leurs chars et leur maîtrise du dressage des chevaux, les Hittites et leur savoir-faire en la matière sont ici minimisés.

Le *Poème de Pentaour*, du nom de son auteur, le scribe Pentaour, est une des rares sources qui relate la bataille de Qadesh. Ce texte, rédigé à la demande de Ramsès II, a été reproduit sous forme d'épigraphies monumentales, notamment à Abou Simbel. Une fois les hiéroglyphes déchiffrés, le lecteur apprend comment le roi hittite Muwatalli II « avait envoyé des hommes et des chevaux, aussi nombreux que les sables [...] Les chars de Sa Majesté [Ramsès II] perdaient courage, mais Sa Majesté a tenu bon. »

Le déroulement comme l'issue de cette bataille sont toujours débattus. Selon toute vraisemblance, aucun des deux camps n'a remporté l'affrontement. Cette bataille se solde par un « match nul » pourrait-on dire. Aucun traité de paix n'est conclu, mais plutôt une trêve[8], et surtout Ramsès II ne s'est pas incliné face aux spécialistes des chars. Voici une nouvelle preuve de leur place centrale à cette époque : un bas-relief du temple d'Abou Simbel relate le retour triomphal du pharaon sur son char après la bataille de Qadesh. Il est accompagné de fantassins et d'officiers. Le trésor de guerre semble bien modeste pour nos yeux de contemporains : il s'agit de quelques équidés pris aux Hittites, c'est dire au combien le cheval est important et symbolise la puissance.

8. De nouveaux affrontements auront lieu entre les Hittites et Ramsès II. Le premier traité de paix connu de l'histoire de l'humanité sera signé entre les deux parties vers 1259 av. J.-C.

Les origines de la cavalerie

La cavalerie montée serait apparue avec les Assyriens, peuple du nord de la Mésopotamie, aux IXe et VIIIe siècles av. J.-C[9]. Les premiers cavaliers étaient armés d'arcs pour lutter contre les attaques de peuples nomades venus du nord. Le premier grand chef à combattre à cheval est Cyrus le Grand, le fondateur de l'Empire perse, de la dynastie des Achéménides[10]. Il régna environ de 559 à 530 av. J.-C. Pour assouvir ses désirs de conquête, maintenir l'ordre dans les territoires soumis et protéger l'Empire des attaques ennemies, il décide d'accroître la puissance de son armée et crée une cavalerie.

La cavalerie perse sera longtemps considérée comme une référence notamment par les Grecs. Elle se compose de deux types de cavaleries. Dans la cavalerie lourde, les cavaliers sont armés pour attaquer, les chevaux et les hommes équipés de protections. La cavalerie légère est composée d'archers à cheval, permettant des déplacements éclair. À partir du IVe siècle av. J.-C., toutes les grandes puissances sont dotées d'une cavalerie, mais leur rôle, leur importance et leur organisation diffèrent. À Rome comme à Athènes, les chevaux de guerre sont les compagnons des élites car il faut acheter, entretenir et surtout dresser le cheval. La cavalerie existe bien, mais elle est reléguée au second plan. Les combattants terrestres dominent largement les rangs des armées : les fantassins des célèbres légions à Rome et les hoplites à Athènes. À Athènes,

9. À son apogée, au VIIe siècle av. J.-C, l'Empire assyrien s'étend en partie ou en totalité sur ce qui est aujourd'hui l'Irak, la Syrie, le Liban, la Turquie et l'Iran.

10. L'Empire achéménide est le premier des Empires perses. À son apogée, à la fin du Ve siècle av. J.-C., son territoire s'étend en partie ou en totalité sur les pays actuels : Afghanistan, Pakistan, Irak, Syrie, Liban, Israël, Palestine, Jordanie, Arabie Saoudite, Égypte, Libye.

une cavalerie existe dès le VIe siècle av. J.-C., mais elle est très modeste. Elle est seulement composée de quatre-vingt-seize cavaliers. Puis leur nombre passe à trois cents cavaliers au milieu du Ve siècle. Au combat, entre 432 av. J.-C. et 352 av. J.-C., la cavalerie athénienne tiendra toujours un rôle secondaire, avec un cavalier pour dix hoplites.

En Grèce antique, l'hoplite est auréolé de prestige et suscite le respect car il demeure celui qui combat l'ennemi face-à-face et sans possibilité de fuite à vive allure ou d'esquive. Les missions de la cavalerie sont essentiellement le harcèlement de l'ennemi et la reconnaissance : le cavalier ne charge pas, sauf en de très rares occasions.

Le cheval dans les écrits fondamentaux de Xénophon

Xénophon (vers 430 av. J.-C. - vers 355 av. J.-C.) est un historien, philosophe et chef militaire grec. Il est l'auteur de deux traités équestres considérés comme des références. Selon l'historien Alexandre Blaineau, « Xénophon est le premier, sinon le seul des auteurs de l'époque classique – et encore plus de l'Antiquité grecque – à accorder une place aussi importante aux chevaux, aux cavaliers et aux cavaleries. »[11] *De l'art équestre* est dédié aux apprentis cavaliers du début du IVe siècle av. J.-C. Le second intitulé *Hipparque* s'adresse à un commandant de la cavalerie athénienne. Xénophon y livre des conseils pratiques et tactiques. Le lecteur peut apprendre comment lancer le javelot à cheval, mener des actions simultanées avec les fantassins et surtout quelles formations adopter face à l'ennemi. Si les cavaliers portaient une cuirasse, aucune protection particulière ne semblait prévue pour le cheval. À cette époque, le cheval n'est pas encore ferré, alors

11. Blaineau, Alexandre, *Le Cheval de guerre en Grèce ancienne*, Presses universitaires de Rennes, 2015, p.20.

la préoccupation majeure d'un cavalier doit être les soins apportés aux pieds de l'animal. « Un cheval d'armes ne serait bon à rien, fût-il plein de qualités dans tout le reste, s'il avait en revanche de mauvais pieds ; il ne pourrait pas tirer parti de ses qualités »[12] écrit Xénophon. Si l'auteur de ces traités équestres emblématiques est grec et fut lui-même cavalier, il n'en demeure pas moins que l'hoplite reste le combattant par excellence et l'emblème incontesté de l'armée athénienne. Les cavaliers et leurs montures les plus puissants et les mieux expérimentés se rencontrent dans les rangs perses et dans l'armée d'Alexandre le Grand. Ils vont s'affronter en 333 av. J.-C. lors de la bataille d'Issos.

La bataille d'Issos

Dans sa conquête de l'Empire perse, le Macédonien Alexandre le Grand affronte le roi perse Darius III et toute son armée en novembre 333 av. J.-C. à Issos en Cilicie, au sud-est de l'actuelle Turquie. L'armée d'Alexandre est composée de six mille cavaliers quand les Perses en alignent onze mille.[13] Le premier à organiser les rangs de son armée est Darius. Le roi perse se dresse fier et déterminé sur son char. Il est entouré des meilleurs fantassins et de sa cavalerie royale. Comme à son habitude, Alexandre le Grand est à cheval et dirige la cavalerie des Compagnons. Cette cavalerie lourde est considérée comme l'une des plus performantes et des plus prestigieuses de l'Antiquité. Elle est disposée sur le flanc droit de l'armée d'Alexandre. L'affrontement débute par les combats entre les deux infanteries. Après plusieurs manœuvres de la cavalerie,

12. *De l'art équestre* I, 2-3.

13. En ce qui concerne le nombre total de soldats, cavaliers compris, les estimations varient beaucoup en fonction des sources. Il est question parfois de quarante mille hommes du côté d'Alexandre, entre vingt-cinq mille et cent mille soldats perses.

Darius est en vue. Alexandre n'hésite pas et lance l'assaut contre le roi perse au cours d'une extraordinaire chevauchée. La garde de Darius résiste et défend de toutes ses forces le char royal. Plusieurs officiers y laissent la vie, mais surtout, les chevaux du roi sont grièvement blessés. Darius doit changer de char au plus vite et finit par prendre la fuite. Tous ses combattants et sa cavalerie, ou du moins ce qu'il en reste, le suivent. L'une des armées les plus redoutées est en déroute. Serrés les uns contre les autres, les chevaux paniquent. Les cavaliers ne parviennent plus à maîtriser leurs montures. Certains chutent dans des ravins. Alexandre ne peut pas laisser Darius lui échapper. Le conquérant et toute sa cavalerie poursuivent le roi perse jusqu'au coucher du Soleil. Mais Darius réussit à s'enfuir vers l'Euphrate. Il abandonne derrière lui sa mère, son épouse et ses enfants. Ses insignes royaux, son arc, son manteau, son char et son bouclier sont étalés sur le champ de bataille déserté. Alexandre peut poursuivre sa conquête en direction de la Phénicie et de l'Égypte. Les deux guerriers et leurs armées se retrouveront pour un ultime affrontement décisif à Gaugamèles en 331 av. J.-C., dans la région actuelle d'Erbil, au nord de l'Irak. Les chevaux côtoieront les éléphants sur le champ de bataille. Une fois de plus, les chevaux tiendront un rôle déterminant.

Bucéphale, le cheval d'Alexandre le Grand

Bucéphale est certainement l'animal le plus célèbre et le plus fascinant de l'histoire des conquérants. Ce cheval n'est pas un mythe antique car son existence ne laisse guère de place au doute. De nombreuses sources racontent le lien si particulier qui unissait Bucéphale et Alexandre le Grand. Mais alors, à quoi ressemblait ce cheval devenu légendaire ? Sa taille était vraisemblablement somme toute assez classique, autour d'1,60 m au garrot. La principale incertitude concerne la couleur du pelage de Bucéphale. Il serait noir selon Arrien, historien romain de langue grecque qui a décrit les campagnes militaires menées par Alexandre le Grand. Sur la mosaïque emblématique de la bataille d'Alexandre qui décorait la maison du Faune, riche demeure de Pompéi, Bucéphale apparaît avec un pelage alezan, c'est-à-dire couleur café au lait. Il est donc aujourd'hui presque impossible d'affirmer à quoi ressemblait ce cheval. L'origine de son nom a fait couler beaucoup d'encre : « Bucéphale » vient du grec et signifie « tête de bœuf ». Il n'en fallait pas moins pour laisser libre cours à de nombreuses interprétations les plus fantaisistes. Le brave Bucéphale aurait une tache de naissance qui lui donnerait l'allure d'un bœuf ; il aurait sur la cuisse une marque en forme de tête de bœuf ; voire un visage aussi large qu'un bovin, certains l'imaginent même doté de cornes. De là à voir en Bucéphale une licorne, il n'y a qu'un pas. Sans doute plus réalistes, des sources athéniennes évoquent le nom d'une race de chevaux thessaliens, *boukephalas*. Bucéphale serait donc probablement originaire d'un élevage de Thessalie, en Grèce.

Le biographe et philosophe grec Plutarque raconte la rencontre entre Bucéphale et Alexandre. Le cheval était impossible à monter et à apprivoiser. Philippe de Macédoine, père d'Alexandre, souhaite se séparer de l'animal et le renvoyer à l'éleveur. Mais Alexandre refuse de voir un tel cheval partir et prétend pouvoir le monter. Son père lui reproche son assurance face à sa faible expérience de cavalier. Mais Alexandre insiste et précise qu'il achètera le cheval même s'il ne parvient pas à le dresser. Alexandre a bien observé Bucéphale et a remarqué un détail : le cheval a peur de son ombre. Le prince macédonien tourne Bucéphale et le place face au Soleil. Une fois l'animal calmé, Alexandre l'enfourche et Bucéphale part au galop. Son père Philippe, impressionné et fier, aurait alors déclaré :

« Mon enfant, cherche un royaume à ta mesure. La Macédoine n'est pas assez grande pour toi. »[14] Bucéphale est ainsi le compagnon du premier exploit d'Alexandre et est associé au futur destin glorieux de l'illustre conquérant dès la première chevauchée.

Bucéphale sera de toutes les batailles et présent lors des prestigieuses victoires d'Alexandre en Asie. Plutarque insiste sur l'état de santé et l'importance de Bucéphale lors de la bataille de Gaugamèles : « tant qu'[Alexandre] rangeait sa phalange, exhortait ses hommes, leur donnait des instructions ou les passait en revue, il ne montait pas Bucéphale qu'il voulait ménager, car l'animal était déjà âgé. Mais lorsqu'il passa à l'action, il l'enfourcha et, dès qu'il eut changé de cheval, il se lança à l'attaque. »[15] Bucéphale, chevauché par Alexandre, est un signal pour tous les soldats et certainement aussi le symbole d'une victoire prochaine. Le conquérant macédonien et ses hommes remportent cet affrontement décisif face à l'armée de Darius III, roi de Perse. Mais après cette bataille, Alexandre poursuit Darius dans sa fuite. Soudain, non loin de la mer Caspienne, en Hyrcanie, des barbares attaquent certains groupes de l'armée et volent Bucéphale. Alexandre entre dans une colère effroyable, menace de tuer les habitants des environs et de tout détruire si son cheval ne lui est pas rendu. Finalement, les Barbares lui rapportent Bucéphale, accompagné de cadeaux et d'otages. Alexandre accepte le tout, mais toujours exaspéré par cet affront, se serait vengé en anéantissant les plaines de la région.

14. GLANOWSKI, Émilie, *Bucéphale, compagnon d'exception d'Alexandre : la construction d'un mythe*, revue Circé. Histoire, Savoirs, Sociétés, n° 7, automne 2015.
15. PLUTARQUE, *Vie d'Alexandre*, XXXII, 12 *in* GLANOWSKI, Émilie, *Bucéphale, compagnon d'exception d'Alexandre : la construction d'un mythe*, revue Circé. Histoire, Savoirs, Sociétés, n° 7, automne 2015.

Cet épisode témoigne de l'attachement inconditionnel porté par Alexandre envers Bucéphale.

Bucéphale meurt en 326 av. J.-C. des suites de ses blessures lors de la bataille de l'Hydaspe, qui oppose le conquérant macédonien au roi indien Poros. Bucéphale, épuisé et mourant, aurait protégé Alexandre des flèches ennemies en le mettant à l'abri après un ultime galop. Une fois son maître sauvé et hors de danger, Bucéphale se serait effondré avant de mourir quelques instants plus tard. Alexandre, victorieux mais bouleversé et attristé par la disparition de son valeureux cheval, décide de lui rendre hommage et fonde une cité baptisée Alexandrie Bucéphale, sur les rives de l'Hydaspe, là même où Bucéphale s'est éteint et où il est enterré. La mort de Bucéphale est aussi synonyme de la fin des conquêtes du grand chef de guerre macédonien. L'armée d'Alexandre n'ira pas plus loin. Sans son Bucéphale, Alexandre semble orphelin. Au fil des siècles, les nombreuses représentations artistiques d'Alexandre le Grand allieront très souvent le légendaire conquérant et l'iconique Bucéphale.

La cavalerie numide

Un siècle après Alexandre le Grand, Hannibal se distingue pour ses talents de cavalier. L'historien romain Tite-Live écrit à propos du général de Carthage : « [...] ce qu'on remarquait, c'était ses armes et ses chevaux. Il était à la fois le meilleur cavalier, le meilleur fantassin ». Quand Hannibal décide d'attaquer Rome sur ses terres continentales, il traverse les Alpes, accompagné des cavaliers numides. Ils sont considérés comme les cavaliers les plus audacieux de l'Antiquité. Selon la légende, ils se déplacent avec « la grâce d'un vol d'oiseaux. » Si Hannibal a pu compter sur la cavalerie numide dans un premier temps, elle ralliera Rome pour finalement devenir la redoutable complice de sa défaite.

Issus de Numidie, royaume berbère frontalier du royaume de la Maurétanie et de Carthage[16], ces cavaliers apparaissent pour la première fois dans les récits de Polybe. Selon lui, ils auraient pris part à la première guerre punique (264-241 av. J.-C.) aux côtés des Carthaginois. Lors de la deuxième guerre punique (218-201 av. J.-C.), la cavalerie numide représente presque la moitié de la cavalerie d'Hannibal, soit environ quatre mille cinq cents chevaux et cavaliers. Cette cavalerie légère a toujours été source de fascination. Les étriers n'existent pas et les cavaliers montent sans selle, ni bride, ni mors. Pour diriger le cheval, ils utilisent une simple corde autour du cou de l'animal. Les cavaliers numides sont les yeux et les oreilles de l'armée d'Hannibal tout au long de son périple. Ils sont souvent utilisés pour des missions de reconnaissance. Ils se déplacent rapidement et savent faire allonger leurs chevaux en quelques secondes dans l'herbe ou dans la poussière, derrière les rochers, un talus ou des buissons. Ainsi, invisibles, les cavaliers numides observent et comptent les effectifs ennemis. Lors de la traversée des Alpes d'Hannibal, les chevaux sont les premiers à être effrayés par les cris des soldats et le bruit fracassant des pierres et des rochers lancés sur le convoi par des individus malfaisants. Polybe raconte : « Les chevaux sont devenus fous en entendant ces hurlements dont l'écho résonnait dans les gorges. » Dans leur furie, les chevaux deviennent incontrôlables et blessent ou tuent d'autres animaux et des soldats.

Au cours des batailles, les cavaliers numides et leurs chevaux véloces harcèlent l'ennemi par des mouvements de va-et-vient rapides, ils les encerclent soudainement avant de lancer flèches et javelots. À peine l'ennemi touché, ils battent en

16. La Numidie s'étendait sur une partie de ces pays actuels : Maroc, Algérie, Tunisie, Libye.

retraite, portés par la rapidité des chevaux au galop. La cavalerie numide a joué un rôle important aux côtés d'Hannibal en 216 av. J.-C. dans sa victoire de la bataille de Cannes dans les Pouilles, au sud-est de l'Italie.

Mais quelques années plus tard, la cavalerie numide change de camp et choisit Rome. Lors de l'affrontement décisif de Zama le 19 octobre 202 av. J.-C., Hannibal est contraint de faire face à cette redoutable formation conduite par Massinissa, le roi numide en personne. Rome l'emporte et Carthage s'incline à l'issue de cette deuxième guerre punique qui aura duré dix-sept ans. Les siècles suivants, Rome ne cessera plus d'étendre son hégémonie en Méditerranée et même au-delà. Au cours du Ier siècle av. J.-C., le cheval sera une nouvelle fois engagé dans la célèbre conquête des Gaules menée par Jules César.

Le siège d'Alésia

De 57 à 53 av. J.-C. Jules César réalise plusieurs campagnes militaires destinées à annexer les territoires « barbares » de la Gaule. En l'an 56 av. J.-C., il fait des incursions en Bretagne, en Normandie et en Aquitaine. Jusqu'en 53 av. J.-C., il occupe militairement la Gaule sans rencontrer une grande résistance des peuples gaulois. L'année suivante, la majorité de la Gaule se soulève en quelques mois. Vercingétorix, originaire de l'actuelle Auvergne, fédère une grande partie des peuples gaulois pour lutter contre César. En 52 av. J.-C., après le siège de Gergovie[17] et la victoire de Vercingétorix, les chevaux et les cavaleries vont jouer un rôle important à Alésia. La cavalerie

17. L'*oppidum* et le plateau de Gergovie sont situés dans l'actuelle Auvergne, à une dizaine de kilomètres au sud de Clermont-Ferrand. À l'époque de Vercingétorix, ce sont des terres arvernes. Vercingétorix est originaire de la région de Gergovie.

germaine, rangée aux côtés des Romains, a particulièrement marqué l'histoire de cet affrontement décisif.

Vercingétorix décide de combattre les Romains sur les terres de leur retraite. Il décide de reproduire la stratégie de Gergovie et d'établir son quartier général sur les hauteurs à Alésia, sur et autour du mont Auxois[18]. Cet endroit n'est pas loin des armées d'autres peuples gaulois acquis à sa cause. De plus, d'étroites vallées, des rivières et une zone marécageuse encadrent le site. Mais les Romains ont toujours gardé des contacts privilégiés avec certains édiles Éduens qui, officiellement ralliés aux Gaulois, informent César de tous les projets de Vercingétorix. Bien renseigné, le proconsul romain ne perd pas de temps. L'idée est simple : il faut engager la bataille avant que la forteresse soit construite et que toutes les forces gauloises aient pris place à l'intérieur. César fait alors courir une rumeur. Il serait sur le point de rentrer à Rome pour reconstituer ses forces. Vercingétorix décide de tout accélérer et de prendre César par surprise. La cavalerie gauloise entre en action. Quand ils arrivent, c'est la stupeur. Visiblement informés, les Romains sont déjà formés en carré. Deux corps de cavaliers gaulois se dirigent en direction des deux flancs des légions romaines et un troisième corps tente de leur barrer la route. Mais César peut compter sur les redoutables cavaliers germains. Ces derniers repoussent la cavalerie gauloise à l'issue d'une course-poursuite haletante. Toute la nuit, les Romains pourchassent l'armée de Vercingétorix qui regagne le mont Auxois.

Après cette bataille de cavalerie, le siège d'Alésia peut commencer et les chevaux vont encore avoir toute leur

18. Le site originel d'Alésia a toujours été l'objet de recherches et de débats. Il est désormais officiellement situé à Alise-Sainte-Reine, commune du département de la Côte-d'Or en Bourgogne, sur une colline entre Montbard et Dijon.

importance. Dès le départ, les Gaulois sont en mauvaise position. La forteresse n'est pas achevée et Vercingétorix manque cruellement d'effectifs. De leur côté, les Romains ont installé plusieurs camps sur les collines environnantes. Le chef gaulois n'a plus le choix, il est contraint de faire sortir toute sa cavalerie, si chère à ses yeux, pour aller chercher des renforts. Plusieurs centaines de chevaux et leurs cavaliers sillonnent la Gaule pendant près d'un mois. L'objectif : constituer une « armée de secours ». Mission accomplie ! Deux cent cinquante mille hommes et huit mille nouveaux cavaliers originaires du Pas-de-Calais, du Finistère, de la Gironde et du plateau Suisse rejoignent Alésia. Pendant ce temps, les Romains ont construit une nouvelle ligne de défense. Des remparts et des tours sont édifiés, des fossés creusés. Les assiégés commencent déjà à souffrir de famine.

Au lendemain de leur arrivée, les cavaliers de « l'armée de secours » sortent de la forteresse gauloise, descendent et recouvrent une partie de la plaine. Ils sont accompagnés d'archers et d'une infanterie légère. La cavalerie germaine incorporée à l'armée de César engage le combat. Les affrontements ont lieu de la mi-journée au coucher du Soleil sous le regard des Gaulois, juchés en haut du mont, et des Romains installés au sommet des collines environnantes. Après d'âpres combats et diverses chevauchées, la cavalerie germaine prend l'avantage. Les cavaliers gaulois et leurs chevaux prennent la fuite, regagnent leur camp. Les Germains massacrent les archers restés sur place.

L'issue du siège d'Alésia se déroule à l'initiative des Gaulois. L'infanterie attaque un camp romain situé sur l'une des collines. Chevaux au galop et crinière au vent, la cavalerie déferle sur la plaine pour attaquer les fortifications romaines sur deux kilomètres.

Vercingétorix et ses hommes équipés de matériel s'en prennent aux constructions romaines. Ils parviennent à les endommager et à combler des fossés. Acculés, les légionnaires romains ne savent plus où donner de la tête. Mais tout va s'inverser. César lui-même entre dans l'arène, avec de nouvelles troupes et d'importants renforts.

La cavalerie germaine va de nouveau jouer un rôle déterminant. Une partie des cavaliers germains accompagne César dans l'offensive et une autre attaque les Gaulois par-derrière. Totalement piégés, de nombreux soldats gaulois préfèrent fuir. La cavalerie germaine pourchasse, massacre ou emprisonne les fuyards de toutes parts. Face à cette déroute, Vercingétorix ordonne le repli de ses hommes et fait remonter ses troupes sur le mont Auxois. Le lendemain, Vercingétorix décide de se rendre.

Les cavaliers barbares à l'assaut de Rome

Le déclin puis l'effondrement de l'Empire romain d'Occident aux environs de l'an 476 sont dus à de nombreux facteurs toujours sujets à discussion. Les affrontements avec les « barbares » vivant au-delà des frontières de l'Empire romain, ont joué un rôle certain. Au cours de la deuxième moitié du IVe siècle apr. J.-C., ces peuples exercent une pression grandissante sur l'Empire en déclin. Le cheval tient un rôle crucial pour se déplacer, conquérir, attaquer. La première grande défaite romaine a lieu lors de la bataille d'Andrinople[19], en 378, face aux Goths. La cavalerie barbare vient à bout de l'infanterie romaine, réputée invincible. L'empereur Valens est vaincu et tué.

Les meilleurs cavaliers, redoutables et redoutés, sont sans nul doute les Huns, peuple nomade venu d'Asie. Ils ne font

19. Aujourd'hui Edirne en Turquie.

qu'un avec leur cheval et se seraient installés dans l'actuelle Ukraine vers l'an 375. La cavalerie des Huns est crainte et sa réputation la précède. Les cavaliers huns sont préparés pour passer à l'attaque été comme hiver. Loin de l'image trop souvent véhiculée de grossiers barbares, ils savent surprendre l'adversaire sur le dos de leurs chevaux : ils se déplacent subtilement et rapidement, réalisent des manœuvres précises et les archers montés sur les chevaux sont d'une efficacité implacable. Les Huns envahissent l'Empire en 398 et obligent Rome à réagir. Ils sont finalement repoussés.

À partir du Ve siècle, de nouvelles batailles ont lieu dans l'Empire face aux Wisigoths en 401 et aux Ostrogoths en 406. La même année, les Vandales, les Alains et les Suèves franchissent le Rhin, traversent la Gaule, la péninsule Ibérique et atteignent l'Afrique. La menace est omniprésente. Dans ces « chevauchées barbares », la ville de Rome est aussi atteinte. Le sac de Rome le plus désastreux est mené du 24 au 27 août 410 par les guerriers wisigoths d'Alaric. Face à ces multiples incursions sur tous les territoires, « Désormais, l'Occident romain était devenu *en fait* l'Occident barbare. »[20] Le Ve siècle est marqué par la chute de l'Empire romain qui fut lente et progressive, ponctuée d'épisodes violents.

À la fin de l'Antiquité, le cheval est devenu l'animal de toutes les conquêtes et de toutes les guerres, il est essentiel pour les déplacements et incontournable sur les champs de bataille. Le cheval de guerre connaît son âge d'or à l'époque médiévale, où la figure du chevalier apparaît et la chevalerie se constitue et s'organise, le tout accompagné d'une éthique chevaleresque. Les chevaux seront toujours associés aux destins des peuples, de leurs souverains, rois, seigneurs ou gouverneurs dans les plus grandes victoires et conquêtes, comme dans les défaites.

---

20. Le Glay, Marcel, Voisin, Jean-Louis, Le Bohec, Yann, *Histoire romaine*, Paris, PUF, p. 542.

La bataille de Poitiers

Dans l'histoire médiévale de l'Europe et du bassin méditerranéen, le premier grand épisode marquant où le cheval est en première ligne est la conquête musulmane de la péninsule Ibérique entre 711 et 726. Cette victoire se traduit par l'expansion du califat omeyyade sur l'actuelle Espagne. Les cavaliers arabes, berbères et syriens[21] vont entraîner la chute du royaume wisigoth. Ils poursuivent leur conquête plus au nord et finissent par franchir les Pyrénées, ils prennent Narbonne et Carcassonne. Puis vient la fameuse bataille de Poitiers où s'illustre Charles Martel, événement sujet à beaucoup d'imprécisions, de points de désaccords, d'interprétation, voire d'instrumentalisation. La date, le lieu et le nombre de forces en présence demeurent flous. L'affrontement aurait eu lieu en 732 ou peut-être en 733 et se serait déroulé entre Poitiers et Tours.

Après plusieurs jours d'escarmouches, le combat décisif se serait déroulé en deux jours. Le légendaire Abd al-Rahman, général omeyyade, brillant cavalier et wali d'al-Andalus, c'est-à-dire gouverneur de l'Espagne conquise, lance sa prodigieuse cavalerie sur les Francs et les Burgondes emmenés par Charles Martel alliés aux Aquitains. Mais face à eux, l'infanterie ennemie se présente comme un « mur immobile, l'épée au poing et tel un rempart de glace ». Le combat s'engage et les cavaliers arabes et berbères sont finalement refoulés. Les affrontements se poursuivent lors de la retraite des troupes d'Abd al-Rahman qui fut tué au cours de cette campagne. Les circonstances précises de sa mort sont toujours méconnues à ce jour.

21. Selon de nombreux historiens espagnols, lors de la conquête de la péninsule Ibérique en 711 et de la prise de Séville et Tolède, la grande majorité des troupes était composée de Berbères.

Depuis ces événements de la première moitié du VIIIe siècle, il n'existe pas une représentation fantasmée de l'épisode de Poitiers sans la présence des chevaux. Trois siècles plus tard, une œuvre d'art exceptionnelle donnera la part belle aux chevaux : la broderie de Bayeux, récit et représentation de la conquête de l'Angleterre par Guillaume le Conquérant. Deux cent deux chevaux figurent[22] dans les cinquante-huit scènes qui la composent.

Les chevaux de Guillaume le Conquérant

Tout commence en 1051, Guillaume, descendant des Vikings, est duc de Normandie. En Angleterre, le roi Édouard, surnommé le Confesseur pour sa piété, ne peut pas avoir d'enfants. Il désigne alors comme héritier son lointain cousin Guillaume de Normandie. Le duc est honoré, mais il est méfiant. En 1064, Édouard envoie en Normandie Harold, comte le plus puissant d'Angleterre, pour confirmer à Guillaume ses intentions. Une fois sur place, Harold affirme que Guillaume sera bien le futur roi d'Angleterre et prête serment sur les reliques de la cathédrale de Bayeux. Mais rien ne se passe comme prévu. Sur son lit de mort, Édouard désigne Harold comme le nouveau roi d'Angleterre. Ce dernier se fait couronner le 6 janvier 1066 avec le soutien des aristocrates anglais. Quand Guillaume apprend la nouvelle, il ne supporte pas cet affront, décide de récupérer son dû en partant à la conquête de l'Angleterre. Pour mener à bien sa noble entreprise, le duc de Normandie doit en quelques mois rassembler quinze mille hommes, un millier de navires et trouver trois à quatre mille chevaux. À cette époque, la supériorité militaire des Normands réside dans le combat à cheval.

De nombreux chevaliers, vassaux du duc de Normandie, se présentent à Guillaume avec leurs chevaux et leurs armes.

22. 626 personnages connus ou inconnus sont aussi représentés.

Il fallut aussi fournir équipements et montures à de nombreux volontaires. Dans la société médiévale comme dans le duché de Normandie, le cheval est le signe de l'appartenance à l'élite, il est indispensable pour la guerre et représente un atout majeur de l'armée au point d'honorer sa réputation. L'élevage des chevaux est donc primordial. Des haras apparaissent dès l'époque carolingienne. Les éleveurs et les chevaliers travaillent à l'amélioration de la race. Au siècle de Guillaume, les centres équestres les plus réputés, hérités des anciens domaines des rois ou empereurs carolingiens, se situent dans la basse vallée de la Seine, dans les actuels départements de l'Eure et de la Seine-Maritime, à l'exemple de Lillebonne ou aux Andelys. Les monastères comme les seigneurs laïcs possèdent des centres d'élevage et s'intéressent particulièrement à la sélection des chevaux. Les ducs de Normandie ont aussi leurs haras dans le Calvados, proches de leurs résidences comme celles de Caen ou Falaise.

La source la plus passionnante démontrant l'importance des chevaux de combat pour Guillaume le Conquérant est le témoignage de son biographe Guillaume de Poitiers. Il fut lui-même chevalier du duc de Normandie. « De Gascogne et d'Auvergne, de puissants personnages lui envoyaient ou lui amenaient des chevaux, connus par leur nom propre ; les rois espagnols recherchaient de même son amitié par de tels cadeaux. »

Les chevaux espagnols sont issus de croisements de juments de la péninsule Ibérique avec des étalons arabes apportés par les cavaliers d'Afrique du Nord lors de l'extension du califat omeyyade entre 711 et 1031. Ces chevaux croisés sont déjà dans les haras normands quand Guillaume devient duc de Normandie. Plusieurs chevaliers normands ont participé à la *Reconquista*, la reconquête de l'Espagne contre les musulmans, certains sont rentrés avec ces chevaux rencontrés sur place. Dès le XIe siècle, de nouveaux croisements sont effectués dans les centres d'élevage normands pour créer une nouvelle race de chevaux de combat. Le destrier, nom donné au cheval de bataille, est mis au point. Il n'est pas trop grand, capable de vives accélérations sur une distance courte et surtout il est plus docile que les chevaux espagnols. Selon toute vraisemblance, les chevaux des chevaliers Normands ne devaient pas mesurer plus d'un mètre et demi au garrot. Certains chevaliers montaient des chevaux si petits que leurs pieds touchaient presque le sol, paraît-il.

À la fin du mois de juillet 1066, avant de partir pour l'Angleterre, Guillaume et son armée composée de Normands, Bretons, Français et Flamands, installent leur camp sur la côte normande à Dives-sur-Mer. Les équidés font l'objet d'attentions toutes particulières. Quotidiennement, des centaines de chariots tirés par des chevaux de trait ou des bœufs leur amènent céréales, foin et paille. Les palefreniers, chargés de soigner les chevaux, sont en permanence à leurs côtés. Maréchaux-ferrants et forgerons s'activent pour fabriquer et entretenir les fers des chevaux.

Début septembre 1066, Guillaume décide de changer de lieu de campement. Il quitte la Normandie pour rejoindre le port de Saint-Valery-sur-Somme. C'est un exercice périlleux, mais un excellent entraînement, surtout pour les milliers de chevaux qui n'avaient pas forcément le sabot marin. Puis l'embarquement pour l'Angleterre a lieu le 28 septembre 1066. Le poète Guy d'Amiens mentionne un élément intéressant dans son *Poème de la bataille d'Hastings* : « La plupart des chevaliers s'efforcent de faire monter [eux-mêmes] les chevaux dans les navires. » Le transport des trois mille chevaux impose une logistique particulière. Dans l'hypothèse qu'un bateau compte dix chevaux, il a fallu pas moins de trois cents navires pour les emmener de l'autre côté de la Manche[23]. Pour l'embarquement des chevaux, les bateaux sont immobilisés au sol par des cales et une passerelle inclinée est utilisée pour les faire monter. Un lit de paille recouvre le sol de l'embarcation. Ces précieux chevaux sont rangés tête-bêche pour éviter qu'ils se battent, attachés et serrés entre eux. Des barres ou des palissades les séparent.

La traversée va durer vingt heures. Le premier exploit a eu lieu. Toute l'armée de Guillaume a franchi la Manche. Un premier camp est installé à Pevensey, cité côtière du sud-est de l'Angleterre. Guy d'Amiens relate la stupeur d'un habitant impressionné par le débarquement de cette armada : « Il y a autant de chevaliers qu'il y a de poissons dans la mer. »

L'affrontement crucial se tient le 14 octobre 1066 à Hastings, à environ dix-huit kilomètres à l'est de Pevensey. Guillaume a un avantage et il le sait : ses chevaux et ses chevaliers. Face à lui se tiennent Harold et ses huit mille fantassins, mais aucune cavalerie. Les Anglais ne connaissent pas le cheval de guerre ; ils s'en servent uniquement pour leurs déplacements. Guillaume dirige ses armées et combat lui-même à cheval. Pour porter des coups violents et soudains, la puissance et la vitesse du cheval sont optimisées par les nombreux équipements dont bénéficient les chevaliers. Ils ont les jambes bien droites grâce à de longues étrivières et prennent appui sur les étriers. Ils sont à la fois sur leur selle et debout, de part et d'autre du cheval. Pour lancer le javelot le plus loin possible, le chevalier utilise la vitesse de l'animal. Pour transpercer l'ennemi et porter un coup fatal, le chevalier place sa lance sous le bras et utilise une fois encore la vélocité du cheval. S'il sort son épée, c'est qu'il est descendu de sa monture.

---

23. Bouet, Pierre, *Hastings 14 octobre 1066*, Tallandier, coll. « Texto », Paris, 2014, p. 87.

La bataille d'Hastings débute aux alentours de 9 heures du matin et c'est un chevalier normand qui donne le premier coup. Il chante les exploits de Charlemagne et Roland à Roncevaux, puis, du haut de sa monture, fonce sur un Anglais sorti du rang. Avec sa lance positionnée sous le bras, il transperce le malheureux puis lui tranche la tête avec son épée avant de la brandir pour motiver et exciter les troupes. Les combats dureront jusqu'au coucher du Soleil.

Les Anglos-Saxons bénéficient d'un atout important : ils sont positionnés en haut d'une bute. Malgré des assauts répétés et des mouvements de cavalerie, Normands et Bretons n'arrivent pas à avancer comme ils le voudraient. Soudain, un javelot anglais transperce le cheval de Guillaume, le duc est à terre, ses hommes le croient mort et s'enfuient. Alors il enfourche une autre monture, se précipite vers les fuyards et relève son casque. Ses hommes le reconnaissent et repartent immédiatement au cœur de la bataille. Guillaume fait alors envoyer des escadrons de chevaliers pour encercler des fantassins anglais qui se trouvent en bas de la colline. L'offensive est un succès, la cavalerie massacre plus d'un millier d'Anglais. Mais la bataille n'est pas finie. Il faut attendre l'après-midi pour voir l'un des deux camps prendre l'avantage. Pour l'heure, les armées d'Harold mènent le combat. De nombreux chevaux, mal protégés, périssent. De nombreux chevaliers se retrouvent à terre ; le duc de Normandie en personne perdit trois fois sa monture. Guillaume de Poitiers raconte : « Trois fois, il sauta à terre et se hâta de venger son destrier ».

Tout bascule quand Harold lui-même reçoit une flèche à tir tendu qui lui perfore l'œil droit. Pour forcer le destin, Guillaume envoie un commando de quatre chevaliers tuer Harold. L'un le frappe au cou, un autre à la poitrine, le troisième lui ouvre les entrailles et le quatrième l'ampute au niveau de la cuisse. Guillaume remporte la bataille d'Hastings, une des plus grandes batailles de l'histoire de l'Europe médiévale. Guillaume devient « le Conquérant » et se fait couronner roi d'Angleterre le 25 décembre 1066 à Westminster à Londres. Les années suivantes, ses chevaliers devront sillonner l'Angleterre pour éteindre les révoltes de nombreux Anglos-Saxons qui n'acceptent pas cette victoire normande. Au fil des ans et jusqu'en 1204, Guillaume le Conquérant et les Normands auront apporté à l'Angleterre une organisation administrative, des châteaux, des cathédrales, des abbayes, des monuments célèbres comme la Tour de Londres mais aussi l'art de l'élevage du cheval, de la cavalerie et de la culture des chevaliers[24].

Les prodigieux cavaliers mongols

Dans l'imaginaire, les chevaux qui offrent les plus belles images de liberté, d'élégance, de force, de grâce, de fougue, de lien viscéral et d'harmonie avec la nature, sont certainement les chevaux des steppes de Mongolie. Au XIIIe siècle, ils jouèrent un rôle clé dans les conquêtes de Gengis Khan et l'établissement de l'Empire mongol, le plus vaste de l'histoire de l'humanité.

Les chevaux de l'armée de Gengis Khan sont réputés pour leur grande endurance et leur robustesse. Ils peuvent parcourir près d'une centaine de kilomètres en une journée et se nourrissent de ce qu'ils trouvent dans leur environnement. Les campagnes d'hiver ne leur font pas peur et sont même privilégiées. Les chevaux peuvent donc participer au

24. Ironie du sort et de l'histoire, Guillaume le Conquérant mourut en 1087 après avoir participé à un ultime combat à cheval lors d'une expédition dans le Vexin. Devenu obèse à la fin de sa vie, il aurait heurté la partie avant de sa selle qui se serait enfoncée dans son abdomen.

mouvement des troupes et au combat en toute saison. Les cavaliers possèdent le plus souvent au moins trois de ces chevaux pour pouvoir en changer dès que l'un est épuisé ou blessé. La technique de prédilection de la cavalerie légère est le harcèlement de l'ennemi. Tout commence par une charge directe avant de simuler un repli, l'adversaire décide de pourchasser les cavaliers souvent en ordre dispersé à cause de l'effet de surprise. Les cavaliers de Gengis Khan conduisent ensuite l'adversaire sur un terrain où ils sont à leur avantage et le piègent en décochant des flèches par-dessus l'épaule. La cavalerie lourde avait pour mission de briser le front ennemi.

Après avoir réuni plusieurs tribus nomades mongoles d'Asie centrale et d'Asie de l'Est, Temüdjin, lui-même grand cavalier, en devient le *khan*, à savoir le dirigeant, sous le nom de Gengis Khan en 1196. Il poursuit l'expansion de son empire jusqu'à sa mort en 1227. Gengis Khan et ses cavaliers légendaires ont traversé toute l'Eurasie de l'actuelle ville de Pékin à l'actuelle Ukraine en passant par la Russie, la Pologne, la Hongrie, la Turquie, l'Irak, l'Iran, l'Afghanistan, le Pakistan, la Chine. Les chevauchées des cavaliers mongols de Gengis Khan font partie des plus épiques de l'histoire, mêlant esprit d'aventure, voyage, mais aussi cruauté. Gengis Khan et ses hommes sont considérés par de nombreux peuples soumis comme des guerriers sanguinaires, causant mort et destruction. Gengis Khan serait mort des suites d'une chute de cheval au cours d'une partie de chasse.

Les chevaliers de la guerre de Cent Ans

En Europe, même si l'infanterie est toujours présente sur les champs de bataille, le chevalier et sa monture vont devenir la figure guerrière du Moyen Âge. Chevaux et chevaliers s'illustrent lors des croisades en Terre sainte et tout au long de la guerre de Cent Ans (1337-1453). L'homme sera toujours particulièrement attentif à l'amélioration et à la perfection de son armure mais il en sera autrement pour les protections du cheval. Il faudra attendre le XIIIe siècle pour voir apparaître la barde, c'est-à-dire un ensemble de pièces constituant une armure pour protéger le cheval. Elle équipe les chevaux de la cavalerie lourde pour faire face aux charges ennemies. La barde s'impose aux XIVe et XVe siècles lors de la guerre de Cent Ans pour protéger les équidés des tirs redoutables des archers anglais. Les chevaux sont directement associés à un triste épisode de ce conflit : la bataille d'Azincourt le 25 octobre 1415.

En cet automne de l'an de grâce 1415, les chevaliers français sont bien décidés à barrer la route aux Anglais et au roi d'Angleterre Henri V qui tentent de rejoindre Calais, ville conquise depuis le mois précédent. Les deux armées se rencontrent au nord de la Somme dans l'actuel Pas-de-Calais entre les bois d'Azincourt et de Tramecourt. Inébranlables et campés sur leurs positions défensives, les six mille impitoyables archers anglais, ne cessent de tirer sur les chevaliers français, ankylosés dans leurs armures métalliques. Malgré plusieurs charges, les chevaliers ne parviennent pas à atteindre les rangs anglais sous cette pluie de projectiles mortels. Et pour ne rien arranger, le sol est détrempé à cause des averses de la nuit précédente. Les chevaux s'agitent dans la boue, paniqués par les cris des soldats agonisants et les milliers de flèches tombant du ciel. D'autres chevaux et chevaliers s'empalent sur des pieux, disposés par les Anglais, juste devant leurs archers qui sèment la mort sans répit.

Pétrifiée, l'avant-garde française s'immobilise. Les Anglais en profitent pour pénétrer les rangs français avec épées, haches et maillets. Les scènes sont d'une violence cauchemardesque. Terrifiés, les chevaux mutilés et privés de leur

cavalier deviennent incontrôlables. Il est très compliqué pour les Français de battre en retraite. Des chevaliers se retrouvent piégés, s'embourbent et n'arrivent pas à passer au-dessus de tous ces corps inertes. Ceux qui y parviennent se heurtent à la deuxième ligne anglaise dans la plus extrême confusion. Au-delà de cette terrible défaite, cette funeste journée est « un massacre pour la fleur de la chevalerie française »[25] et un cimetière à ciel ouvert pour les chevaux.

Une icône de la guerre de Cent Ans et de l'histoire de France est souvent représentée à cheval : Jeanne d'Arc. Cette excellente cavalière participa à de nombreuses victoires face aux Anglais comme en 1429, lors du siège d'Orléans. Après avoir été faite prisonnière en 1430, elle est jugée à Rouen en 1431. Lors de son procès, il lui est demandé « si elle avait un cheval quand elle fut prise ». En réponse, elle tient à préciser qu'elle possédait plusieurs types de chevaux, cinq coursiers et plus de sept trottiers[26]. Ce n'est pas trop pour celle qui parcourut plus de cinq mille kilomètres entre février 1429 et décembre 1430 pour combattre les Anglais. Jeanne d'Arc fit son dernier voyage de sa geôle au bûcher le 30 mai 1431 sur un chariot... Tiré par des chevaux.

Les guerres d'Italie

Dans l'Europe moderne, à partir de la Renaissance au XVIe siècle jusqu'au XVIIIe siècle, le cheval sera toujours présent sur les champs de bataille. Mais le chevalier et son armure vont peu à peu s'effacer. Les destriers et la cavalerie lourde vont progressivement laisser la place à des chevaux de guerre plus

25. Philippe Contamine, *Azincourt*, Paris, Gallimard, 2013
26. Le trottier est un cheval de trot, au contraire du coursier, destiné à la guerre. Pour plus de détails, *cf*. Procès de condamnation de Jeanne d'Arc, « Premier interrogatoire privé », 10 mars 1431.

légers, plus rapides et plus maniables. La cavalerie légère va ainsi s'imposer. De François Ier, « roi chevalier », succédera la figure du « roi cavalier », une des composantes de l'identité royale. Tous les rois de France seront associés au cheval dans de nombreux tableaux et portraits officiels représentant une victoire. La statue équestre symbolise le roi puissant, conquérant et glorieux. L'invention de la poudre à canon et de l'artillerie va conférer un nouveau rôle essentiel au cheval. L'animal sera destiné à la traction du matériel en attelage. Les canons français tirés par les chevaux feront la différence au cours des guerres d'Italie de François Ier. La cavalerie sera toujours incontournable, mais ne jouera plus forcément un rôle décisif. À cela s'ajoute l'apparition des armes à feu portatives. En 1525, à Pavie en Italie, les tirs des arquebuses à mèche utilisées par les Espagnols ont réduit à néant l'assaut des cavaliers français.

La conquête du Nouveau Monde

Le XVIe siècle est aussi l'âge où les Occidentaux vont intensifier leurs expéditions vers les Amériques. Les chevaux seront du voyage, toujours malgré eux, pour coloniser, soumettre et convertir les Amérindiens, s'allier avec des peuples pour en combattre d'autres.

Quand Christophe Colomb et son équipage débarquent le 5 août 1498 sur les côtes de l'actuel Venezuela, les Amérindiens n'ont jamais vu de chevaux. L'animal a disparu du continent depuis dix mille ans. Au cours de la première moitié du XVIe siècle, lorsque les conquistadors espagnols foulent pour la première fois les îles des Caraïbes et l'Amérique du Sud, de nombreux peuples sont étonnés, craintifs voire terrorisés. Les chevaux ne laissent jamais indifférents ces peuples interloqués : ces hommes montés sur ces bêtes sont-ils des monstres ? Des dieux ? Cet animal qui permet à l'homme de dominer en taille et en stature est-il un animal divin ? Ne font-ils qu'un ?

Très vite, ces peuples verront de plus en plus de chevaux arriver sur leurs terres. En 1519, Hernán Cortés, redoutable conquistador espagnol, débarque au niveau de l'actuelle ville de Veracruz au Mexique. Puis dans les années 1520-1530, de plus en plus de cavaliers espagnols participent aux expéditions à l'intérieur des terres et permettent la découverte des mines d'or. Ces cavaliers vont aussi combattre les Aztèques. Cortés et les Espagnols en sortent vainqueurs et parviennent à s'emparer de l'Empire aztèque au nom de Charles Quint, roi de Castille et empereur du Saint Empire romain germanique.

À l'ouest du continent, la conquête de l'Empire inca commence en 1532. Les cavaliers espagnols équipés et armés sont conduits par un autre célèbre conquistador : Francisco Pizarro. Les chevaux permettent à Pizarro et ses hommes de se déplacer vite. En août 1532, ils fondent San Miguel de Piura, actuelle Piura au Pérou. Trois mois plus tard, ils remportent la bataille de Cajamarca. Les Incas sont pris par surprise. Les Espagnols sèment la panique grâce à un stratagème mis au point sur leurs équidés. Ils ont mis des grelots aux pattes de leurs chevaux, ce qui renforce le caractère mystique des animaux. Les Espagnols sont mieux armés et leurs charges de cavalerie ne laissent aucune chance aux Incas. L'empereur Atahualpa est fait prisonnier puis condamné à mort en 1533.

Du XVIe au XVIIIe siècle, les souverains d'Espagne, du Portugal, d'Angleterre et de France auront à cœur d'établir et de pérenniser des colonies dans les Amériques. Les chevaux seront toujours des passagers des caravelles et des navires. Une fois l'océan Atlantique traversé et au fil des décennies, des chevaux retrouvent leur liberté en s'enfuyant des cités nouvellement fondées, du chaos des champs de bataille, ou des routes des expéditions délicates. Les Indiens vont s'en emparer pour apprendre à les monter.

Ils deviennent ainsi habiles dans le vol des chevaux appartenant aux colonisateurs. Impressionnés par la vitesse à laquelle cet animal s'acclimate, les Indiens s'intéressent également aux chevaux redevenus sauvages car ils ont bien compris toute son importance dans les déplacements et les combats. Ils vont tisser un lien très particulier avec l'animal et devenir ainsi de grands cavaliers dont certains entreront dans l'histoire[27].

Sur le continent européen, la paix entre royaumes est bien rare et ne dure jamais longtemps. Plus les guerres sont longues et nombreuses, plus de chevaux sont tués au combat. Face au déclin des effectifs de chevaux toujours indispensables dans les rangs des cavaleries et pour l'artillerie, le roi de France Louis XIV s'efforce de prendre cette question en main.

Les haras royaux de Louis XIV

Dans la seconde moitié du XVIIe siècle, le cheval sera un des points centraux des préoccupations militaires et guerrières du roi de France Louis XIV. Le Roi-Soleil est un excellent cavalier et un chef de guerre reconnu. Tout au long de son règne, Louis XIV engagea son royaume dans de nombreuses guerres et le manque de chevaux est un problème majeur. Pour répondre aux besoins de ses armées, il est impératif d'importer chaque année des chevaux de l'étranger : du Danemark, d'Allemagne ou d'Espagne. Pour assurer la remonte

27. Depuis mars 2023, l'histoire du cheval dans les Amériques est bousculée. « Les chevaux font partie de nous depuis bien avant que d'autres cultures ne viennent sur nos terres, et nous faisons partie d'eux », déclare Joe American Horse, chef indien de l'Oglala Lakota Oyate et gardien des savoirs traditionnels. Dans un article publié dans la revue *Science*, une équipe de chercheurs a révélé grâce à l'archéologie que des Indiens montaient des chevaux au début du XVIIe siècle et sans doute avant dans les Grandes Plaines et les Rocheuses d'Amérique du Nord. Auparavant, le lien entre le cheval et les Indiens commençait officiellement en 1680.

des régiments du royaume, Colbert va jouer un rôle capital. Sa Majesté le charge d'organiser les haras et l'étalonnage public. L'arrêt du conseil du Roi du 17 octobre 1665 fonde l'administration des haras nationaux, appelés à l'époque haras royaux, et établit la fonction de « garde-étalons ». Ces gardes sont des particuliers de tout le royaume recevant les étalons royaux pour les élever, les nourrir et assurer la meilleure des reproductions. Chaque étalon royal est marqué au fer d'un « L », initiale du roi de France Louis XIV.

Le début du XVIIIe siècle est marqué par une nouvelle pénurie de chevaux en raison des nombreuses guerres. À l'origine, le haras personnel de Louis XIV était à Saint-Léger-en-Yvelines, à proximité de Saint-Germain-en-Laye, à une trentaine de kilomètres du château de Versailles. Mais il était totalement décrépi, les équipements et l'environnement ne convenaient pas aux chevaux. Soucieux d'assurer un élevage et une reproduction d'excellence, Louis XIV ordonne à la fin de son règne la construction du haras royal du Pin en Normandie. Le chantier commence en 1715 avec pour ambition de devenir le « Versailles du cheval »[28].

Un siècle plus tard, sous Napoléon, les haras impériaux succèdent aux haras royaux. Pour l'Empereur, le cheval incarnera l'esprit valeureux, l'action de ses conquêtes et sera très souvent associé à ses représentations.

Le cheval, empereur et victime des conquêtes napoléoniennes

« Sans cavalerie, les batailles sont sans résultat », ces mots sont de Napoléon. C'est dire toute l'importance accordée au cheval et à ses cavaliers. Avant de devenir empereur,

28. Situé dans l'Orne, ce lieu s'appelle désormais le Haras national du Pin.

Napoléon découvre l'extraordinaire qualité des chevaux de sang arabe lors de sa campagne d'Égypte entre 1798 et 1801. Pour mener conquêtes et batailles, son armée a besoin de chevaux en permanence. Napoléon signe le 4 juillet 1806 un décret impérial visant à reconstituer une administration des haras, supprimée lors de la Révolution française. Cette nouvelle administration dépend du ministère de l'Intérieur et comprend six haras destinés à accueillir des étalons, des juments et des poulains, trente dépôts d'étalons et deux écoles vétérinaires, celles de Lyon et Alfort. Les haras impériaux auront pour emblème une tête de cheval de profil, de type arabisé.

« Une armée supérieure en cavalerie aura toujours l'avantage » se plaisait à dire Napoléon. L'Empereur utilisait la cavalerie pour éclairer ses marches, participer aux batailles et poursuivre l'ennemi vaincu. La garde impériale était un atout majeur pour inverser le cours d'une bataille. Mais les capacités et l'organisation de ce corps d'élite et de toute la cavalerie seront mises à rude épreuve lors du désastre de la campagne de Russie.

À la tête des plus extraordinaires charges de la cavalerie de l'épopée napoléonienne : Joachim Murat. Toujours sur son cheval, il commence par suivre Bonaparte dans sa campagne d'Italie. Murat se distingue par des chevauchées bien menées et une charge remarquable à la bataille du Tagliamento le 16 mars 1797. Le cavalier Murat sera de tous les voyages : l'Égypte, Alexandrie, la Syrie. À la bataille terrestre d'Aboukir, il commande l'avant-garde qui donne le coup de grâce aux Ottomans. Lors de la deuxième campagne d'Italie, il est toujours aux côtés de Bonaparte. À la tête de la cavalerie, Murat, ses hommes et leurs montures se distinguent une fois de plus à Verceil, Turbigo et Marengo.

Ils accompagnent Napoléon dans sa marche vers l'Empire et reviennent sur les champs de bataille entre 1805 et 1807 contre les Prussiens, les Autrichiens et les Russes. La cavalerie de l'armée commandée par Murat s'illustre encore à la bataille d'Austerlitz le 2 décembre 1805. Une des charges les plus fantastiques a lieu à la bataille d'Eylau[29] le 8 février 1807. L'offensive russe est impressionnante. Un des corps de l'armée napoléonienne est pris au piège dans une terrible tempête de neige. La situation est délicate pour les Français mais l'Empereur ordonne la charge de six à sept mille cavaliers directement sur l'infanterie adverse. Une fois encore, Murat la dirige d'une main de maître et l'attaque ennemie est enfin stoppée. Mais à quel prix ? Le champ de bataille est jonché de cadavres de chevaux et de soldats. Le sang de l'homme se mêle à celui de l'animal. Les survivants de ce massacre témoigneront de l'effroi suscité par la vue de ces taches rouges sur la neige.

Les années qui suivent le carnage d'Eylau seront effroyables. Le 3 mai 1809, l'armée de Napoléon, en guerre contre l'Autriche, avance vers Vienne. Pour ralentir les Français, les Autrichiens attaquent à Ebersberg. Les affrontements sont une nouvelle fois très violents, le colonel Lejeune nous livre son récit : « Les jambes des chevaux s'enfonçaient dans cette boue de chair et de sang humain encore chaud ; nous éprouvâmes un vif sentiment de dégoût et d'horreur dont je n'ai jamais perdu le souvenir. »[30] Si ces images peuvent choquer, ce ne sont que les prémices des atrocités vécues au cours de la campagne de Russie. Les chevaux seront les sauveurs des hommes lors de cette terrible retraite.

---

29. De nos jours Bagrationovsk, ville de l'oblast de Kaliningrad en Russie, enclave territoriale située entre la Pologne et la Lituanie bordant la mer Baltique.
30. VIAL, Charles-Éloi, *Napoléon, la certitude et l'ambition*, Paris, Perrin, 2020, p.131.

La campagne de Russie a duré de juin à décembre 1812. En route vers la Lituanie, la traversée du Niémen à partir du 22 juin n'augure rien de bon pour la Grande Armée et ses chevaux. L'empereur en personne fait une humiliante chute de cheval puis un violent orage s'abat sur les troupes. Dix mille chevaux prennent froid et meurent dans les heures qui suivent. Après avoir traversé la Pologne et instauré un gouvernement provisoire de Lituanie, l'objectif ultime reste Moscou. La bataille de la Moskowa s'engage le 7 septembre 1812. Sans grand éclat et au prix de nombreuses pertes, les Français entrent dans Moscou le 14 septembre. À cet instant, Napoléon est persuadé de sa victoire et entend bien forcer le Tsar à négocier. Rappelons qu'à cette époque, Moscou est la première ville de l'Empire russe en population, mais le Tsar est à Saint-Pétersbourg, la capitale. Napoléon s'installe au Kremlin et patiente. Mais Moscou est incendié par les Russes du 14 au 18 septembre 1812. L'inquiétude grandit côté Français, et cette question dans toutes les têtes : serons-nous coincés dans une ville anéantie, sans vivres et piégés par l'hiver ? Les premières neiges recouvrent Moscou dès l'automne. Le 19 octobre 1812, Napoléon ordonne la retraite. Le convoi d'hommes et de chevaux s'étend sur cinquante kilomètres. Les Cosaques, réputés pour être d'extraordinaires cavaliers du Tsar, harcèlent l'armée de Napoléon. Des affrontements ont lieu par endroits. Les troupes traversent des villes et des villages désertés et sans ressources. Ils arrivent à Smolensk le 9 novembre où les températures atteignent jusqu'à – 30 °C. Du 26 au 29 novembre 1812, c'est le passage de la Bérézina. Le cauchemar est total. Au fil des semaines, les piètres conquérants et leurs chevaux ne seront plus que de pauvres bêtes et soldats errants et décharnés, terriblement affaiblis par la faim et le froid.

Le récit du sergent Bourgogne est certainement le plus intéressant mais aussi le plus effroyable. Le sort réservé aux chevaux se traduit par des images d'épouvante. Sur un des lieux où l'armée napoléonienne avait combattu, « un grenadier français avait été trouvé sur le champ de bataille, vivant encore : il avait les deux jambes coupées et, pour abri, la carcasse d'un cheval dont il s'était nourri de la chair. »[31] Au cours de ce périple, la nourriture est rare, les forces diminuent rapidement. Le cheval constitue trop souvent l'unique repas. « Le 1er novembre, nous avions, comme la nuit précédente, couché près d'un bois [...] depuis plusieurs jours, nous avions déjà commencé à vivre de viande de cheval. » Pour se réchauffer et s'alimenter, les soldats s'installent autour d'un feu et font cuire « un morceau de cheval au bout de leurs baïonnettes ou de leurs sabres. » Soudain, le sergent Bourgogne entend « cinq hommes qui se battaient comme des chiens ; à côté d'eux était une cuisse de cheval qui faisait l'objet de leurs discussions. » Il raconte aussi comment se passent généralement les haltes. « J'ai remarqué, pendant cette marche désastreuse, que l'on nous faisait toujours marcher autant que possible derrière la cavalerie et l'artillerie, et que, le lendemain, l'on nous faisait arrêter où ils avaient passé la nuit, afin que nous puissions nous nourrir avec les chevaux qu'ils laissaient en partant. » Il raconte avec précision l'une de ces haltes : « là se trouvaient beaucoup de chevaux morts et dépecés, et une plus grande quantité que l'on avait été obligé d'abandonner encore vivants et debout, mais engourdis, se laissant tuer sans bouger, car ceux que l'on avait tués pendant la nuit ou qui étaient morts de fatigue ou d'inanition étaient tellement gelés, qu'il était impossible d'en couper. »

Il faut faire vite car l'ennemi approche et se fait menaçant : « Lorsque l'on s'arrêtait afin de prendre quelque chose

31. BOURGOGNE, *Mémoires*, Paris, Arléa, 1992, p. 61.

au plus vite, l'on saignait les chevaux abandonnés, ou ceux que l'on pouvait enlever sans être vu ; l'on recueillait le sang dans une marmite, on le faisait cuire et on le mangeait [...] lorsqu'il y avait force majeure et qu'il fallait quitter le terrain, on emportait la marmite, et chacun en marchant, puisait à pleine main et mangeait ; aussi avait-on la figure barbouillée de sang. » Le cheval devient le cœur de toutes les obsessions des hommes tiraillés par la faim. « Souvent lorsque l'on était obligé d'abandonner des chevaux, parce que l'on n'avait pas le temps de les découper, il arrivait que des hommes restaient en arrière exprès [...] tombaient sur cette viande comme des voraces. »

Autour du feu d'un bivouac, le sergent Bourgogne rencontre un vieux chasseur de la Garde qui avait presque tous les doigts des pieds gelés, enveloppés dans des morceaux de peaux de mouton. Sa barbe, ses favoris et sa moustache étaient chargés de glaçons. Le vieux chasseur raconte : « Il y a trois jours que j'ai dû abandonner mon cheval, et, pour ne pas le laisser souffrir plus longtemps, je lui ai brûlé la cervelle. Ensuite, je lui ai coupé un morceau de la cuisse que je vais manger un peu. » Beaucoup de cavaliers de l'armée de Napoléon finirent le périple à pied. Sur sa route, le sergent Bourgogne découvre des campements abandonnés installés par l'artillerie. La mort rôde, les silhouettes des cadavres se devinent sous un triste linceul enneigé : « plus un n'existait ; hommes, chevaux, tous étaient couchés et couverts de neige, les hommes autour de leurs feux, et les chevaux encore attelés aux pièces qu'il fallait abandonner. »

La campagne de Russie est une défaite sans précédent, entre cent quatre-vingts et deux cent vingt mille hommes de la Grande Armée sont morts au combat, de maladie, de faim ou du froid. Un bulletin de la Grande Armée en date du 3 décembre 1812 évoque le chiffre de trente mille chevaux sacrifiés. Chevaux de selle pour la cavalerie ou chevaux de trait pour l'artillerie, ils furent tués par milliers lors des affrontements ou pour nourrir les hommes abandonnés à leur triste sort.

Vizir et Marengo, les célèbres chevaux de Napoléon

Sur le champ de bataille ou sur les tableaux représentant ses conquêtes, Napoléon est presque toujours associé aux chevaux. Il en aurait eu entre cent et cent trente ; le plus emblématique se prénommait Vizir. En 1802, alors qu'il est Premier consul, Bonaparte reçoit Vizir, né en 1793, comme cadeau diplomatique du sultan ottoman Selim III. Ce magnifique étalon arabe gris étourneau, presque blanc, sera un compagnon très important pour Napoléon, devenu empereur en 1804. Vizir est présent au cours des campagnes de Prusse et de Pologne entre 1806 et 1807 et plus particulièrement lors des batailles victorieuses d'Iéna en octobre 1806 et d'Eylau en février 1807.

Il porte l'incontournable « N » couronné sur sa cuisse gauche et fait partie des rares chevaux des Écuries impériales considérés « du rang de Sa Majesté ». À partir des années 1810, le brave et beau Vizir est moins sollicité et il se repose tranquillement. Il n'est pas du voyage pour la campagne de Russie. À vingt ans, un âge déjà bien avancé pour un cheval de bataille, il ne participe pas aux campagnes d'Allemagne et de France entre 1813 et 1814. Pour autant, Vizir a toujours l'affection de l'empereur et sera aux côtés de Napoléon Ier pour les moments moins glorieux. Entre mai 1814 et février 1815, le célèbre étalon accompagne l'empereur dans son premier exil sur l'île d'Elbe. Vizir vit alors dans les écuries non loin de la résidence de Napoléon. Il est une nouvelle fois de l'aventure quand Napoléon regagne la

France. Durant la période des Cent-Jours, de mars à juin 1815, Vizir est installé à l'hôtel de Longueville, au cœur de Paris. Fort heureusement pour lui, il ne subira pas l'humiliante défaite de Waterloo le 18 juin 1815.

Vizir fut au service de Napoléon pendant quatorze ans, une durée exceptionnelle, car les chevaux restaient en moyenne quatre ans dans l'équipage de selle de Napoléon Ier qui pouvait monter jusqu'à quatre chevaux au cours d'une seule et même bataille. Vizir est devenu une icône des écuries impériales grâce aux nombreux artistes qui l'ont représenté comme Hippolyte Bellangé, Carle Vernet, Charles Thévenin, Pierre Martinet ou encore l'illustre Horace Vernet. Ces œuvres ont permis à Vizir d'entrer dans la postérité, sa mort, le 30 juillet 1826 à l'âge remarquable de trente-trois ans, est même annoncée par le journal *La Pandore*.

Quand Vizir s'éteint, une nouvelle histoire commence, celle de sa dépouille. Le valeureux étalon est empaillé par son dernier propriétaire, Léon de Chanlaire. Avec la Restauration et le retour de la monarchie, honorer une figure de l'époque impériale n'est pas conseillé pour un Français. Monsieur de Chanlaire donne Vizir à William Clark, un Anglais résidant dans le Nord-Pas-de-Calais. Treize ans plus tard, il est contraint de confier Vizir à un de ses concitoyens John Greaves. Dans les années 1830, l'animal naturalisé, symbole de l'Empire, doit être exfiltré vers l'Angleterre dans le plus grand secret. La peau de Vizir est décousue, le contenu de la bête empaillée enlevé et l'enveloppe corporelle de l'étalon cachée dans les bagages. La dépouille est offerte à la Société d'histoire naturelle de Manchester où elle sera reconstituée avant d'être remise à la France de Napoléon III, avec l'approbation de la reine Victoria. Mais le Vizir naturalisé est enfermé pendant trente ans dans les greniers du Louvre, dans une caisse étiquetée :

« cheval empaillé sur lequel montait Napoléon et apporté à l'Empereur par la Société d'histoire naturelle de Manchester, 29 juin 1869 ». Il sort de l'ombre en 1905 et intègre les collections du musée de l'Armée, aux Invalides, là où repose son illustre cavalier.

Vizir n'est pas la seule relique des chevaux légendaires de Napoléon. Le National Army Museum de Londres possède le squelette de Marengo, cheval capturé en Égypte en 1799. L'animal aurait pris ce nom à l'issue de la victoire à Marengo le 14 juin 1800, avant de participer à d'autres batailles légendaires comme celles d'Austerlitz en 1805 et Wagram en 1809. L'épisode le plus célèbre est celui de son rapt après la défaite de Waterloo le 18 juin 1815, bataille durant laquelle Marengo est blessé à cinq reprises, il aurait même reçu une balle dans la queue. Une fois capturé, le cheval est conduit en Angleterre comme trophée de guerre et acheté aux enchères par le lieutenant-colonel John Julius Angerstein. Marengo s'éteint en 1831 et son dernier propriétaire lègue son squelette au Royal United Services Institute fondé la même année par le duc de Wellington, grand vainqueur de Waterloo.

Dans les années 1960, le squelette de Marengo est finalement intégré au National Army Museum. Au fil des années, les os se sont dégradés, présentent quelques fissures et son crâne s'est affaissé. Entre 2016 et 2017, une campagne de restauration a lieu et permet de redonner au squelette de Marengo toute son allure. Mais les ossements du cheval égyptien n'ont pas fini de faire parler d'eux. L'ultime épisode, et pas des moindres, date des commémorations du bicentenaire de la mort de l'Empereur en 2021. Sous le dôme des Invalides, l'artiste Pascal Convert suspend au-dessus du tombeau de Napoléon une reproduction du squelette de Marengo réalisée à partir d'un scan et d'une impression 3D. Cette œuvre baptisée *Memento Marengo* est inspirée de l'Antiquité et des textes d'Hérodote quand il évoque l'enterrement des cavaliers avec leur monture. Cette installation du plasticien qui a suscité quelques polémiques, souligne une fois encore l'importance du cheval dans la construction de la figure et des représentations impériales. L'importance du cheval comme indispensable force motrice et guerrière dans les conquêtes, les gloires et les défaites est souvent éludée au profit de la figure de l'Empereur. Et pourtant, trois quarts des cent cinquante mille chevaux engagés en Russie par Napoléon sont morts. Cette œuvre avait le mérite de représenter le lien entre l'homme et l'animal, l'illustre conquérant déchu et une de ses montures sacrifiées pour sa gloire éphémère et la grandeur de l'Empire. Si le corps de Napoléon repose à l'abri des regards dans le plus grand respect et dans ce majestueux catafalque, le squelette de l'un de ses chevaux à qui il doit en partie ses plus grandes victoires est suspendu vulgairement à la vue de tous. *Memento Marengo* nous permet de réfléchir sur la place triviale et secondaire du cheval et des animaux dans la grande histoire.

Tout au long de la seconde moitié du XIXe siècle, les chevaux s'illustrent une fois de plus sur les champs de bataille. Les chevaux de trait sont toujours indispensables pour l'artillerie en perpétuelle amélioration. Et surtout, les cavaleries réaliseront leurs dernières grandes charges au péril de la vie des chevaux et de leurs cavaliers.

La bataille de Balaklava

Un des massacres les plus terribles a lieu lors de la guerre de Crimée à la bataille de Balaklava le 25 octobre 1854. Le Royaume-Uni, le Second Empire français et l'Empire ottoman sont opposés à l'armée du Tsar de Russie. La coalition, déjà victorieuse à la bataille de l'Alma, décide d'assiéger la ville de Sébastopol. Les Russes veulent les en empêcher en les attaquant à revers. L'affrontement se tient à Balaklava, plaine entourée de collines et située à quelques encablures du célèbre port de la mer Noire[32]. Des deux côtés de la vallée, les Russes déploient sur les hauteurs leur infanterie et leur artillerie. Elles sont invisibles depuis les positions de la brigade légère de la cavalerie britannique.

L'ordre est donné d'attaquer une formation de cosaques. Quand la charge commence, un déluge de feu s'abat sur les cavaliers et leurs chevaux. Ceux qui ne sont pas tombés continuent leur chevauchée mais sont encore visés par les tirs. Certains parviennent tout de même à gravir la colline. « Dans les deux régiments que j'eus l'honneur de diriger, chaque officier, à l'exception d'un seul, fut soit tué soit blessé ou eut son cheval tué sous lui ou blessé » se souvient lord Cardigan, commandant et rescapé de l'opération. Mais ce n'est pas terminé, les cavaliers britanniques des deuxième et troisième lignes passent à l'assaut. Certains attaquent la cavalerie ennemie, d'autres, les canonniers russes cantonnés sur les hauteurs. Après avoir fait des dégâts dans les rangs adverses, les cavaliers survivants doivent regagner leur camp et traverser à nouveau la vallée sous le fer et le feu. Le bilan est terrible. Le nombre de chevaux tués ou blessés est bien supérieur à celui des hommes. Trois cent soixante-deux chevaux auraient perdu la vie ou auraient été mutilés pour deux cent quarante-cinq hommes tués, blessés ou portés disparus.

La guerre de Sécession

Les chevaux seront aussi très présents de l'autre côté de l'Atlantique lors de la guerre de Sécession de 1861 à 1865. Les

32. Balaklava est aujourd'hui un quartier de Sébastopol, au sud-ouest de la péninsule de Crimée.

États de l'« Union », dirigés par Abraham Lincoln, affrontent les États confédérés d'Amérique, la « Confédération » de Jefferson Davis. S'opposent les états industriels du Nord qui sont contre l'esclavage et les onze états du Sud, agricoles et esclavagistes. Ces derniers ont fait sécession des États-Unis. Les deux camps possèdent des cavaleries utilisées principalement pour des missions de reconnaissance. Les objectifs : garantir et protéger l'avancée des troupes, repérer l'ennemi et deviner ses intentions. Les cavaleries sont principalement démontées, c'est-à-dire sans armes. Mais lors d'une charge, les cavaliers de l'Union brandissent leur sabre et les confédérés utilisent un révolver. L'un des plus grands combats de cavalerie a lieu le 9 juin 1863 lors de la bataille de Brandy Station en Virginie. Dix-huit mille cavaliers s'affrontent et les confédérés du Sud remportent la victoire. La cavalerie jouera aussi un rôle au cours de la bataille de Gettysburg en Pennsylvanie du 1er au 3 juillet 1863. Lors de ce combat, la cavalerie de l'Union retarde l'arrivée de l'infanterie adverse. Cette fois-ci, l'Union remporte cette bataille considérée comme un tournant dans la guerre de Sécession. La victoire finale a lieu en avril 1865 à la bataille d'Appomattox en Virginie. Les États du Nord l'emportent et deviennent ainsi les grands vainqueurs de la guerre civile américaine.

Durant la guerre de Sécession, il ne faut pas réduire le cheval à la cavalerie. Son rôle fut crucial dans cette guerre itinérante. Les déplacements des généraux, des officiers et des messagers sont assurés à cheval. Les chevaux transportent les canons, le ravitaillement, le courrier et font office d'ambulances. Tout au long de cette guerre de Sécession, de nombreux chevaux sont tués au combat ou touchés par des projectiles des armes à feu et des canons. Durant ce conflit, le nombre de chevaux tués serait au moins équivalent à celui des hommes, soit six cent vingt mille morts.

La bataille de Sedan

À la fin du XIXe siècle, la cavalerie française est aussi entrée dans l'histoire à Sedan le 1er septembre 1870 lors de la guerre contre la Prusse. La supériorité militaire et stratégique de l'armée prussienne se caractérise par son artillerie qui fait feu sans relâche. Les chevaux et les cavaliers français vont en faire les frais. Les forces françaises sont vite encerclées par l'ennemi. À cet instant, le général Margueritte lance plusieurs charges de cavalerie. Malgré la détermination des cavaliers, l'opération tourne au désastre. Margueritte lui-même est touché en plein visage par une balle. Le caractère inutile d'un tel sacrifice n'est plus à démontrer. Malgré cet échec cuisant, les charges des cavaliers français à Sedan seront instrumentalisées pour démontrer la bravoure des soldats de la Patrie. La bataille se solde par la capitulation de Sedan le 2 septembre 1870. Fait prisonnier, l'empereur Napoléon III est déchu deux jours plus tard. La France perd la guerre en 1871 et l'Alsace-Moselle intègre l'Empire allemand. Le Second Empire a vécu, la IIIe République française est née.

Au XXe siècle, avec les innovations technologiques, l'évolution des stratégies militaires, la puissance de feu généralisée, la guerre ne sera plus jamais comme avant. Au cours de la Première Guerre mondiale, la cavalerie tiendra un rôle secondaire mais le cheval, lui, sera bien mobilisé. Dans les rangs français, un million cent quarante mille équidés sont morts entre 1914 et 1918.

La Première Guerre mondiale

La Première Guerre mondiale est le symbole de l'humanité devenue inhumaine. La mort et l'autodestruction de notre espèce sont l'essence même de cette Grande Guerre. Et dans sa perte, l'être humain entraîne avec lui chevaux, ânes et mulets. Ces équidés le serviront dans ses objectifs funestes tout au long de ce conflit.

L'enquête la plus documentée concernant l'armée française est signée Claude Milhaud, il s'est rendu aux archives du Service historique de la Défense. Selon lui, les centaines de milliers de morts parmi les chevaux et les mulets et les blessures dont ils sont victimes constituent « l'autre hécatombe » de la Première Guerre mondiale[33]. À la veille de la mobilisation, cent mille chevaux sont utilisés par l'armée française pour la logistique et le transport, quatre-vingt-dix mille chevaux sont destinés à la cavalerie. Quand la guerre éclate, ces effectifs sont insuffisants. Cinq cent vingt mille chevaux sont alors réquisitionnés en dix-sept jours. Mais durant les trois premiers mois de la guerre, cent trente mille chevaux meurent, épuisés par les trop longues distances parcourues et les premières batailles. En 1914, le corps de la cavalerie française est envoyé en Belgique puis doit faire demi-tour avant d'arriver, exténué, dans la Marne. Joffre n'est pas réputé pour ménager les chevaux. À la bataille de la Marne, la cavalerie aurait pu s'infiltrer dans plusieurs espaces situés sur le front, mais les chevaux n'ont pas l'énergie suffisante. Au début du XXe siècle, la cavalerie n'est plus adaptée aux conflits contemporains. L'enfer des tranchées se caractérise par les barbelés, les obus, les mitrailleuses, le gaz et tant d'autres innovations mortifères. Si les cavaleries traditionnelles sont devenues trop vulnérables, elles existent quand même dans tous les camps. En revanche, elles n'auront aucun rôle décisif et seront essentiellement utilisées pour des missions de reconnaissance ou de harcèlement de

33. MILHAUD, Claude, *1914-1918, l'Autre hécatombe, Enquête sur la perte de 1 140 000 chevaux et mulets*, Paris, Belin, 2017.

l'ennemi sur le front de l'Est, dans les Balkans, durant la campagne du Caucase et sur le front du Moyen-Orient et en Afrique du Nord.

Au-delà de la cavalerie, le cheval sera employé à bien des tâches. Sa présence est cruciale pour le soutien logistique. Les chevaux mais aussi les ânes et les mulets tirent les pièces d'artillerie, assurent le ravitaillement des armées en munitions et vivres. Même si des véhicules motorisés sont utilisés, ils se révèlent bien moins fiables que les équidés : ces derniers sont bien plus efficaces sur des terrains accidentés ou boueux. Ils sont les seuls capables d'accéder aux tranchées, alors que les camions s'embourbent facilement. Ils sont utilisés également pour transporter les nombreux blessés grâce la formation de véhicules hippomobiles.

75 % des décès d'équidés sont dus aux maladies ou aux privations de nourriture, de confort et de repos. L'approvisionnement en avoine et en foin est tellement compliqué, notamment en raison d'un hiver rigoureux, qu'en mai 1917, l'armée française doit se séparer de cent mille chevaux car elle est dans incapacité de pouvoir les nourrir. Dans 25 % des cas, la mort frappe l'animal sur le champ de bataille. La vision cauchemardesque des cadavres de chevaux et l'odeur insupportable dégagée par les corps en décomposition entame le moral des troupes. Les armées décident finalement de les laisser à même le sol dans des endroits abandonnés par les combattants et reculés de toute vie humaine. Mais le cheval a une morphologie imposante et pèse lourd. Face à l'amoncellement de milliers de cadavres de chevaux, des fosses profondes sont creusées. Certains corps d'équidés sont mutilés pour être enterrés intégralement.

Des chevaux, des ânes ou des mulets seront aussi de grands blessés de guerre : certains sont devenus sourds, d'autres sont gazés, mutilés ou déchiquetés par des éclats d'obus. Certains chevaux vont même servir d'arme biologique vivante en étant infectés volontairement. Les Allemands sont soupçonnés d'avoir inoculé la morve, une maladie grave d'origine bactérienne qui atteint principalement les équidés et qui peut se transmettre à l'homme. Avant même de toucher l'être humain, l'idée est de rendre malade les animaux pour les ralentir, les empêcher de tirer les canons ou d'assurer l'approvisionnement du front en munitions et nourritures. Pour soigner les chevaux malades ou blessés, des hôpitaux vétérinaires sont implantés dans la majorité des pays et des territoires où les combats font rage. Les pathologies recensées sont très diverses, les équidés souffrent par exemple de la gale, de grippe équine ou même d'obusite, ensemble de troubles psychiques et physiques provoqués par l'horreur et la violence des tirs et de la puissance de feu.

Face à ces centaines de milliers de chevaux blessés, malades ou tués, la question de la pénurie apparaît. Par exemple, entre octobre 1914 et mai 1917, la France doit importer cinq cent mille chevaux et mulets des États-Unis et soixante-dix mille d'Argentine. Au printemps 1918, il n'y a plus assez de chevaux pour déplacer les nombreux canons qui sortent des usines. La situation devient très critique, le général Philippe Pétain réfléchit même à dissoudre des divisions d'infanterie par peur d'une éventuelle absence de ravitaillement.

En septembre 1918, la dernière offensive de l'histoire de la cavalerie française a lieu en Macédoine. L'armée d'Orient avec ses chasseurs d'Afrique passe par les montagnes des Balkans et fonce sur la ville de Skopje provoquant la reddition de la Bulgarie. Deux mois plus tard, la France et les Alliés remportent la guerre. La signature de l'armistice avec l'Allemagne le 11 novembre 1918 marque aussi la fin du règne du cheval dans les guerres et les conquêtes menées par l'homme. Le cheval aura joué pour la dernière fois un rôle crucial pour servir les ambitions démesurées et meurtrières des hommes.

La Seconde Guerre mondiale

Durant l'entre-deux-guerres, les chevaux de trait et les ânes retrouvent les exploitations agricoles, les pur-sang gagneront les pistes des hippodromes. Mais entre septembre 1939 et mai 1940, la vie paisible dans les campagnes, les fêtes insouciantes des courses à Deauville ou Paris laissent place à la Seconde Guerre mondiale et l'arrivée des troupes allemandes. Face à la pénurie de carburant, les chevaux emmènent de nombreux Français et charrient leurs biens sur les routes chaotiques de l'exode. Les Allemands, passionnés de culture équestre, se plairont à réquisitionner les plus beaux étalons dans les haras et les propriétés françaises. Un cheval est ainsi entré dans l'histoire de la Seconde Guerre mondiale. Il s'agit d'Iris XVI, monture du capitaine Philippe de Hauteclocque, futur maréchal Leclerc. Iris XVI rencontre pour la première fois le capitaine de Hauteclocque à la prestigieuse École militaire de Saint-Cyr en 1936. Le gradé encadre les élèves notamment lors des cours d'équitation, il est impressionné par les performances et la vélocité d'Iris XVI, pourtant pas facile à dresser. Il décide alors de s'attribuer le cheval. Lors d'un déplacement en vue d'un exercice, au moment de passer la porte de l'écurie, Iris XVI fait un écart et désarçonne son cavalier. Direction l'hôpital pour le capitaine de Hauteclocque qui s'en tire avec une fracture du tibia. Il en gardera des séquelles à vie, c'est pourquoi il apparaîtra souvent par la suite avec une canne. En parallèle de l'école militaire, le cheval gagne une certaine notoriété sur les hippodromes.

Le fait le plus marquant d'Iris XVI est son acte de rébellion contre le nouvel occupant. Le 14 juin 1940, quelques instants après le défilé des troupes de l'Allemagne nazie dans Paris, des cavaliers de l'armée allemande se rendent à la très réputée école de Saint-Cyr. L'officier allemand à la tête de ce détachement demande à voir ce cheval qui avait battu le sien lors d'une course. Un palefrenier désigne le box et un soldat allemand va chercher Iris XVI pour le mener vers la sortie. Soudain, alors qu'ils franchissent tous deux la porte de l'écurie, Iris XVI donne un coup de sabot sec et violent à l'occupant. L'homme est tué sur le coup. Furieux, l'officier allemand ordonne l'exécution de l'étalon : « Mettez ce cheval au mur. Amenez douze hommes. Ce cheval sera fusillé ». Une fois placé au mur, le peloton tire et Iris XVI tombe sous les balles allemandes. Dans une lettre rédigée en 1945 et adressée à André Marchand, le peintre qui réalisa le portrait de l'étalon, l'épouse du général Leclerc, madame de Hauteclocque, écrit : « Iris XVI fut abattu par les Boches pour avoir tué un officier d'une ruade un peu vive !! Tel cheval, tel cavalier. Il avait l'esprit patriote »[34]. Iris XVI est devenu ainsi le cheval héros, résistant face à l'occupant.

De l'océan Pacifique à l'océan Atlantique, de l'Europe au Japon en passant par la Russie ou la Chine, le cheval n'aura eu qu'un rôle mineur pendant la Seconde Guerre mondiale. Le cheval est remplacé par les chars, les camions, les divisions blindées et les nouvelles tactiques militaires comme le bombardement des populations civiles. En revanche, les animaux, comme les habitants, sont pris au piège des affrontements

34. Lettre du 3 janvier 1945 adressée à monsieur Marchand, peintre. Boîte n° 95, fond d'archives de la Fondation Maréchal Leclerc de Hauteclocque, musée de la Libération de Paris-musée du général Leclerc-musée Jean Moulin.

qui n'épargnent aucun être vivant. En Normandie, dix mille chevaux sont tués dans le département de la Manche du Débarquement le 6 juin 1944 au mois de juillet 1944. Les chevaux sont ainsi, au même titre que les civils, des victimes collatérales des combats pour la libération.

Les chiens, fidèles combattants

Le chien serait le plus fidèle ami de l'être humain. Une chose est certaine, à travers l'histoire, il est le compagnon de nombreuses conquêtes et guerres de l'Antiquité jusqu'à nos jours. Ses crocs, son flair, sa vivacité, son affection ont fait du chien un allié apprécié des armées. À travers les siècles, ils sont affectés à de nombreuses missions : chien d'attaque, chien messager, chien antichar, chien sauveteur, chien démineur... Tous ces rôles ont bien sûr été inventés par l'humain soucieux de servir ses intérêts.

Le chien d'attaque

Le chien d'attaque aurait fait son apparition dans les rangs des armées égyptiennes 4 000 ans avant notre ère. Les représentations sont de plus en plus nombreuses à partir du Nouvel Empire vers 1590 av. J.-C. Des lévriers, ces chiens longs, fins, musclés et athlétiques sont envoyés sur le front par les Égyptiens, lors des guerres contre les Nubiens[35]. De nombreuses représentations de lévriers sont visibles sur différentes pièces du trésor du tombeau de Toutankhamon (vers 1345 – 1327 av. J.-C.). Sur une des faces d'un magnifique coffre en bois, les chiens se lancent à l'attaque des Nubiens et leur sautent à la gorge. Les Égyptiens se servaient des chiens pour combattre leurs adversaires mais aussi pour chasser et nourrir ainsi les

35. Peuple vivant au sud de l'Égypte, au niveau du Soudan actuel.

soldats lors des campagnes. Durant l'Antiquité, les dogues d'Asie sont également des chiens très prisés pour la guerre. Le dogue du Tibet va rejoindre les armées chinoises à partir de 1 121 av. J.-C. L'un de ces chiens dressés pour le combat aurait été offert à l'empereur de Chine. Séduit et impressionné, il décide alors d'incorporer le dogue du Tibet dans ses effectifs. Ce chien sera aussi présent en Mésopotamie aux côtés des Sumériens et des Assyriens. Les dogues sont réputés pour leur férocité ; la légende les dit issus d'un croisement entre une chienne et un tigre, de quoi effrayer les futurs ennemis ! Chez les Assyriens, pour impressionner davantage l'adversaire, les chiens pouvaient revêtir une sorte de cuirasse ou un collier avec des pointes de fer. Les Babyloniens, les Mèdes, les Perses, les Grecs et les Romains auront des dogues dressés pour les combats. Dans l'armée grecque, des molosses d'une autre race locale sont également incorporés. Philippe II de Macédoine, père d'Alexandre le Grand, utilise aussi des chiens pour traquer ses ennemis. Par exemple, des meutes de limiers sont lancées dans des forêts de l'actuelle Bulgarie pour débusquer les Thraces cachés dans les bois[36].

Dans les légions romaines, les molosses d'Épire sont aux côtés des dogues d'Asie. Les chiens romains portent parfois d'improbables protections. Certains d'entre eux sont équipés d'une armure de bandes d'acier ou de cuir clouté. Des lames sont parfois plantées sur la protection du dos pour éventrer les chevaux de l'adversaire. Certains chiens se transforment même en torches incendiaires : des légionnaires disposent sur le dos de l'animal, protégé par une tenue de cuir, un brûlot dans un vase d'airain ou fixent des torches enflammées. L'animal est ensuite lancé dans les lignes ennemies pour

36. Polin, Sébastien, *Le Chien de guerre, utilisation à travers les conflits,* thèse pour le doctorat vétérinaire, faculté de médecine de Créteil, 2003.

effrayer les chevaux ou incendier un campement. Durant ces missions, nombreux sont les chiens qui finissent brûlés vifs. Lors de la conquête de la Gaule (58-50 av. J.-C.), Jules César et les Romains vont rencontrer de nouvelles races de chien, à leur grand regret. Les dogues d'Épire romains vont se voir infliger une humiliante défaite par les chiens des Gaulois originaires de Bretagne[37].

Aux IIIe, IVe et Ve siècles, les Gaulois mais aussi les Celtes, les peuples germaniques et les Huns d'Attila ont leurs propres chiens et meutes. Les chiens gaulois ont un style bien singulier avec leurs colliers particulièrement spectaculaires, dotés de gros clous longs et pointus. Ces chiens sont dressés pour achever les blessés à terre ou mordre les chevaux. Cette mission du chien d'attaque va s'imposer au Moyen Âge pour disperser, effrayer, blesser ou même tuer les chevaux des cavaleries ennemies. Plusieurs équipements pour chiens utilisés à ces fins sont directement inspirés des Romains.

Au XVIe siècle, les conquistadors dressent les chiens d'attaque pour soumettre et inquiéter les Amérindiens. Ces chiens seront considérés comme des armes vivantes très efficaces. À l'arrivée des Espagnols, très peu de races de chiens existent outre-Atlantique. Pour les Amérindiens, certains chiens ancêtres du chihuahua sont tout simplement d'affectueux animaux de compagnie. En revanche, d'autres chiens sont mangés ou sacrifiés lors de cérémonies pour accompagner les morts dans l'au-delà comme le chien xoloitzcuintle chez les Aztèques. Alors quand les Amérindiens rencontrent les molosses espagnols qui aboient et s'agitent, ils sont avant tout terrifiés. Lors des combats, les conquistadors lancent les chiens d'attaque à la poursuite des Indiens.

37. La Bretagne à l'époque désigne la Grande-Bretagne actuelle.

Ces animaux sont dressés pour les chasser comme du gibier et leur infligent souvent des blessures mortelles.

Sur le continent européen, avec l'évolution de l'artillerie et des armes à feu, les quelques meutes de chien employées à l'assaut des ennemis ou des chevaux, vont peu à peu disparaître pour laisser la place à des chiens défenseurs, protecteurs, messagers, pisteurs, détecteurs d'explosifs ou secouristes. Ces chiens s'illustreront lors des grands conflits de l'époque contemporaine, du XIXe siècle à nos jours. Après les meutes de chiens anonymes, des groupes seront entraînés et dressés au sein de brigades et de régiments spécifiques. En France, le 132e régiment d'infanterie cynotechnique est créé en 1794. Toujours en service de nos jours, sa vocation est de « préparer un binôme homme-chien indissociable, capable d'apporter un appui spécialisé aux unités d'infanterie. » Dans les armées de différents pays, des chiens seront reconnus personnellement en devenant, par exemple, la mascotte d'un régiment ou de toute une armée. Certains chiens deviendront célèbres et seront même décorés et honorés pour leurs faits de guerre.

Moustache, le chien des armées napoléoniennes

C'est l'histoire extraordinaire d'un chien barbet qui servit ainsi la France et Napoléon en participant à de grandes campagnes militaires du Consulat et de l'Empire. Ses actes de bravoure sont aussi remarquables que rocambolesques. Moustache est Normand, il serait né dans une ferme du Calvados. Il erre dans les rues de Caen quand une compagnie d'élite de grenadiers défile au pas, au rythme du tambour. À cet instant, ce chien, sans doute attiré par la cadence de ce glorieux cortège, suit les soldats jusqu'à la caserne. Oreilles quelque peu pendantes, poil long et touffu, les grenadiers amusés ont l'impression que ce chien porte une moustache et une barbe. Voici ce barbet baptisé Moustache ! Il est alors adopté par toute la garnison de Caen où la 40e demi-brigade d'infanterie de ligne est stationnée. À Caen, Moustache aime garder l'entrée de la caserne aux côtés de la sentinelle. Si un inconnu s'approche trop près de l'entrée, il ne tarde pas à aboyer. Il accompagne aussi les grenadiers lors des entraînements et des marches. Moustache impressionne les soldats par son flair très développé et son énergie débordante.

En 1800, il part avec toute la troupe pour l'Italie. Le 13 juin, Moustache se distingue pour la première fois lors d'une campagne militaire. Au cœur du Piémont, sa demi-brigade patiente la veille de la grande bataille de Marengo. Moustache ne rate jamais une occasion de se promener et de se dégourdir les pattes. Le voilà qui débusque un espion autrichien infiltré dans le cantonnement français. Il se met à aboyer et s'excite, l'Autrichien est repéré. Après une brève altercation, l'intrus s'enfuit. Grâce à cette intervention qui ne passe pas inaperçue, Moustache évite à sa troupe d'être prise par surprise par un détachement autrichien. Au cours de cette opération, Moustache est blessé par un coup de baïonnette à la cuisse. Son courage et sa perspicacité sont récompensés. Le valeureux chien est cité à l'ordre du jour du régiment et a le droit à un traitement de faveur : des soins tous les jours, une gamelle en plus et un petit toilettage hebdomadaire. Le lendemain, à la bataille de Marengo, Moustache réalise une nouvelle prouesse. Il ne quitte pas d'une semelle le porte-drapeau en tête du cortège. Et le voilà museau contre museau avec un dogue autrichien qui tente de s'en prendre au grenadier qui porte fièrement l'étendard. Le chien normand ne se dégonfle pas et se lance à l'assaut de son homologue autrichien. Soudain, une balle tue son adversaire sur le coup. Quelques instants plus tard, Moustache est touché à son tour par un tir. Son oreille est transpercée et il saigne de l'épaule. Mais il est en vie ! Dieu soit loué pour toute son unité qui se réjouit de ce nouveau coup d'éclat de Moustache.

Son action la plus célèbre a lieu le 2 décembre 1805 à la bataille d'Austerlitz quand les troupes françaises affrontent les Autrichiens et les Russes. En plein combat, un porte-drapeau se trouve pris au piège, il est encerclé par l'ennemi. Il a beau se débattre avec la hampe de son drapeau, rien n'y fait, ses minutes sont comptées et il le sait. Son dernier réflexe avant de trépasser est de crier « Au drapeau » ! Pas question de voir l'aigle impérial volé et souillé par les Autrichiens ou les Russes. Moustache est le seul à entendre ce cri de désespoir, ni une ni deux, il fonce sur le malheureux qui finit par trépasser. Avant de s'éteindre, le grognard a serré le drapeau tout contre lui. À défaut d'avoir sauvé le soldat, Moustache va sauver l'emblème de l'Empire. Il ne craint pas l'adversaire et aboie face aux Russes qui brandissent leurs baïonnettes, prêts à transpercer le courageux Moustache. Au même moment, des tirs sont échangés et font diversion. Moustache saisit cet instant pour prendre la hampe du drapeau dans sa gueule. L'étoffe se déchire mais l'Aigle impérial est ramené avec succès vers les lignes françaises.

Moustache y laisse tout de même quelques poils. Dans cette folle échappée, il s'est brisé une patte et termine épuisé. Moustache sera récompensé pour cet exploit. Il reçoit du maréchal Lannes un collier avec une médaille d'argent. D'un côté, il est écrit : « Moustache, chien français. Qu'il soit toujours respecté comme un brave. » Et nous pouvons lire sur l'autre face : « À la bataille d'Austerlitz, il eut la patte cassée en sauvant le drapeau de son régiment ». Il est donc prêt à être présenté à l'Empereur. Face à Napoléon, Moustache respecte le protocole, il n'est pas en face de n'importe qui, il salue donc l'Empereur en levant une patte à la hauteur de l'oreille.

Par la suite, il sera toujours aux côtés des grenadiers à Iéna, Friedland, en Silésie et en Espagne, sa dernière demeure. Le 11 mars 1811, lors du second siège de Badajoz, il est frappé de plein fouet par un boulet de canon et n'en sortira pas vivant. Les soldats décident de lui rendre un dernier hommage en l'enterrant dignement. Moustache reçoit les honneurs militaires et sa dépouille est inhumée dans une tombe au bord du fleuve Guadiana. Cette épitaphe est gravée sur la pierre tombale : « Ci-gît Moustache, un brave, mort au champ d'honneur. » Hélas, en 1814, les Espagnols détruisent le tombeau, exhument les ossements et les brûlent. Mais les exploits de Moustache ne tombent pas dans l'oubli. Le 11 mars 2006, l'Association des amis du patrimoine napoléonien organise une cérémonie en l'honneur de Moustache au cimetière des chiens d'Asnières dans les Hauts-de-Seine. Une plaque lui est dédiée : « Au chien moustache, héros de la Grande Armée tué en Espagne le 11.3.1811 »

Stubby, l'animal le plus décoré de la Première Guerre mondiale

Tout au long de la Première Guerre mondiale, le chien est présent dans les tranchées et à l'arrière du front. Les chiens sont affectés à différentes missions. Ils transportent des documents dans des capsules attachées au collier autour de leur cou, travaillent aux côtés des ambulanciers, vont chercher les blessés sur le champ de bataille et les ramènent derrière les lignes. Ils sont aussi là pour prévenir les attaques au gaz ou soutenir psychologiquement les soldats durement éprouvés. Parmi ces chiens engagés au péril de leur vie, un bull-terrier américain : Stubby. Dix-sept batailles et quatorze distinctions militaires à son actif. Joli palmarès pour ce jeune soldat canin hors pair. Mais comment Stubby s'est-il retrouvé dans cette épouvantable boucherie de 1914-1918, lui qui n'avait rien demandé ?

En 1917, sur le campus de l'université de Yale, les soldats américains s'entraînent avant de partir au front. Le caporal John Robert Conroy rencontre un chien errant. Il est à la fois impressionné et attendri par les grands yeux de ce bull-terrier et décide de l'adopter. Au vu du gabarit de l'animal, il le baptise « Stubby », « trapu » en français, et le ramène clandestinement dans son unité, le 102e régiment d'infanterie. Tous les soldats l'adoptent et il devient leur mascotte incontestée et adorée. Quand Conroy apprend que son régiment doit partir sur le front dans le nord de la France, il est hors de question d'abandonner l'irremplaçable Stubby. Il est alors caché dans les bagages du caporal. Il traverse clandestinement l'Atlantique à bord de l'USS Minnesota. Une fois sur place, le chien s'habitue assez vite à l'enfer de la guerre. Tout commence le 5 février 1918 au Chemin des Dames, Stubby est confronté à l'angoisse des bombardements. Blessé à la patte par des grenades allemandes dans le secteur de Saint-Mihiel, il est évacué à l'arrière pour être soigné. Une fois arrivé à l'hôpital militaire, sa présence et son affection réconfortent quelques poilus en convalescence. Mais c'est un répit de courte durée, Stubby retourne dans les tranchées où il parvient à trouver des blessés et alerter les soldats en cas d'attaque au gaz ou de tirs d'obus. Après de longues journées passées dans les tranchées, ses sens sont constamment en éveil et son cerveau a enregistré de nombreuses informations cruciales. Ces différentes facultés se retrouvent chez d'autres chiens présents sur les zones de combat de la Première Guerre mondiale. Mais Stubby atteint la célébrité après avoir réalisé un exploit exceptionnel. La scène se passe toujours dans une tranchée. Grâce à son ouïe développée, Stubby entend un homme baragouiner dans une langue qui ne lui est pas familière. Il se met alors à aboyer, se lance sur le mystérieux individu et le neutralise en lui mordant le mollet. L'homme est un Allemand qui ne tarde pas à être arrêté par les soldats américains. Pour l'interrogatoire, le chien cède sa place et l'invité surprise avoue finalement qu'il est bien un espion allemand. Bien joué Stubby !

Le bull-terrier est élevé au rang de sergent. Le voilà plus gradé que son maître, seulement caporal. C'est le premier chien à obtenir une telle promotion. Quelques mois plus tard, des Françaises, à la fois admiratives et attendries, lui confectionnent un manteau en chamois. Un vêtement idéal pour accrocher toutes ses médailles dont celle de Verdun. Lors de son retour aux États-Unis, Stubby est accueilli en héros et enchaîne les cérémonies et déplacements officiels à travers plusieurs grandes villes américaines. Il rencontre trois présidents américains dont Wilson et devient la mascotte des Georgetown Hoyas, une équipe de football américain. Le brave bull-terrier s'éteint en 1926, mais pour le rendre éternel, les Américains ne trouvent pas meilleur hommage que de l'empailler. Stubby est donc passé entre les mains d'un taxidermiste. Le Stubby naturalisé est exposé au Smithsonian Institution à Washington. Le 11 novembre 2006, son nom figure sur le Liberty Memorial, le mémorial de la Première Guerre mondiale de Kansas City dans le Missouri. *Stubby Forever.*

Des huskies d'Alaska sur le front des Vosges

Durant le premier hiver de la Grande Guerre (1914-1915), l'armée française est confrontée à de nombreuses difficultés dans les Vosges. La neige et le froid ont entraîné de nombreuses pertes et compliquent fortement le transport du ravitaillement en armes et en nourriture. Il faut donc trouver une solution pour qu'un tel scénario ne se répète pas l'hiver suivant. Deux officiers de l'armée française vont avoir une idée pour le moins originale. Le capitaine Louis Moufflet du 62e bataillon de chasseurs alpins et le lieutenant d'infanterie René Haas ont deux points communs, ils vivent dans les Vosges et ont déjà voyagé en Alaska. Ils connaissent la force et les capacités exceptionnelles d'endurance des chiens de traîneau. Ils proposent donc d'intégrer des huskies dans les unités françaises pour assurer le transport du matériel et des vivres sur le front des Vosges. Cette proposition remonte jusqu'au plus haut sommet de l'État. Le ministre de la Guerre Alexandre Millerand valide le projet et les deux hommes ont trois mois pour mener l'opération. Les deux officiers partent très vite pour l'Amérique du Nord. Loin du front, ils vont vivre une aventure mémorable.

Le temps de la mission, le capitaine Moufflet s'installe à Montréal pour planifier la réception des chiens. Le lieutenant Haas, grand connaisseur de l'Alaska, sera l'agent de terrain. Depuis la ville de Nome, située à cinq mille six cents kilomètres de Montréal et à l'extrême ouest de l'Alaska, il adresse un message télégraphique à Scotty Allan, célèbre éleveur de husky. Ce dernier accepte d'aider le Français et parvient à rassembler très vite cent six huskies, essentiellement cédés par des Inuits. Reste à relever un défi de taille : ramener dans la plus grande discrétion tous ces chiens au Canada puis leur faire traverser l'Atlantique. Les chiens vont d'abord embarquer dans un navire pour Seattle. Pendant la traversée, Scotty Allan baptise sa troupe de chiens d'Alaska « K9 », jeu de mots faisant référence au mot français *canine*. Une fois arrivés à Seattle, tous les huskies prennent place dans un train pour Montréal. Deux wagons leur sont dédiés et chaque chien a le droit à sa niche personnelle.

Il est alors décidé que la phase finale de l'opération se déroulera depuis la ville de Québec. Quand tout le monde se retrouve sur place, Scotty Allan et René Haas sont ravis car le capitaine Moufflet a trouvé de son côté près de trois cents chiens de deux autres régions québécoises, la Belle province et le Labrador, ça ne s'invente pas. Tous les chiens sont réunis dans un parc des expositions de Québec près d'un centre d'expérimentation de munitions de l'armée canadienne. Ce lieu permet aux chiens de s'habituer aux bruits des explosions entendus sur le front. Une étape majeure doit encore être organisée : la traversée de l'Atlantique. Les bateaux ne se pressent pas pour mener cette mission. Beaucoup d'équipages craignent d'être repérés par les sous-marins allemands à cause des aboiements des chiens dans les cales.

Les huskies d'Amérique du Nord vont finalement rejoindre la France sur un vapeur de quatre mille deux cents tonnes nommé *Le Poméranien*. Ils sont installés en soute, dans des caisses à claire-voie. Au cours de la traversée, chaque chien se voit remettre une plaque de cuivre accrochée au collier par Scotty Allan. Le nom du chien, son numéro d'équipage et sa place dans l'attelage y figurent. Ces chiens, habitués aux grands espaces, ont souvent besoin de se dégourdir les pattes alors les trois hommes se relaient pour quelques sorties et courtes balades sur le pont du bateau. Tout ce bel équipage débarque en Normandie au port du Havre le 5 décembre 1915. Le comité d'accueil est constitué de soldats arrivés spécialement d'Alsace. Le gouvernement français a organisé un programme d'entraînement intensif sur place pendant plusieurs jours. Les premières Sections d'équipages canins d'Alaska (SECA) sont ainsi créées. Dix jours plus tard, le 15 décembre, tous les chiens et leurs maîtres atteignent les Vosges après un ultime voyage en train. Mission accomplie. Une fois sur place, deux sections sont formées. Chaque équipe de chiens d'Alaska est constituée de neuf chiens, quatre couples et un chien-guide, en tête de l'attelage.

Au cours de l'hiver 1915-1916, les Sections d'équipages canins d'Alaska sont opérationnelles. Les équipages peuvent porter entre trois et quatre cents kilogrammes et parcourir en moyenne quarante kilomètres par jour, parfois même jusqu'à soixante-dix kilomètres, en cas de force majeure. Leur vitesse moyenne est de huit kilomètres à l'heure. L'été, les équipes de chiens traînent des wagonnets sur des rails et transportent jusqu'à une tonne de matériel. Parmi les exploits les plus remarquables de ces équipages de chiens : quatre-vingt-dix tonnes de munitions apportées à une batterie en quatre jours et trente kilomètres de câbles téléphoniques déployés en une nuit pour espionner les Allemands. Au plus fort de la Première Guerre mondiale, en 1915, quatre cent trente-six chiens sont membres de ces Sections d'équipages. À l'issue du conflit, trois chiens d'Alaska sont décorés de la croix de guerre et la majorité d'entre eux sont adoptés par des particuliers ou des soldats. Ces chiens vivront une retraite paisible dans le confort des maisons et des appartements français, mais bien loin des grands espaces de leurs terres d'origine.

Les chiens kamikazes de l'Armée rouge

Durant la Seconde Guerre mondiale, les chiens sont de nouveau présents dans les armées en tant que messagers, mascottes ou compagnons des sentinelles et des soldats pour la garde. Sur le front de l'Est, les Soviétiques vont employer les chiens à faire exploser les blindés allemands. Le manque d'armes antichars contraint l'Armée rouge à réfléchir à une solution alternative. Il est décidé en haut lieu de créer des bataillons de chiens destinés à se faufiler sous les blindés. Les chiens sont équipés de harnais avec des explosifs disposés à l'intérieur de poches. La mise à feu se déclenche au moment où le chien se plie pour passer sous le char. En plus d'être sacrifiés sur le champ de bataille, l'entraînement est tout aussi cruel. Le chien est affamé avant de rejoindre le front, puis de la nourriture est disposée sous le tank pour forcer l'animal à se diriger vers les blindés.

En plus d'être abominable, en pratique, ce dispositif montre de nombreuses limites. Les chiens ne sont pas habitués aux chars en mouvement, aux bruits des combats et des mitraillettes. Stressés par ces sons violents et intenses, les chiens courent parfois vers les lignes soviétiques et se trompent de chars, explosant ainsi dans les rangs de l'Armée rouge. Les Allemands considèrent tout de même la menace des chiens antichars suffisamment importante pour donner l'ordre d'abattre tout chien errant ou courant proche des divisions et vont également utiliser des lance-flammes pour tenter de les éloigner. De leur côté, les Soviétiques sont parfois obligés de tuer leurs propres chiens apeurés pour éviter que le gilet d'explosifs ne leur saute en pleine figure. Au cours de l'année 1942, les chiens sont peu à peu remplacés par des armes antichars classiques. Soixante-et-onze ans plus tard, ces canidés sont honorés par la Russie. Pour rendre hommage à tous ces chiens morts au combat pour détruire les chars de l'Allemagne nazie, un monument appelé *Front dog* est inauguré en 2013 à Moscou. Cette statue représente un chien couché sur les débris d'un char, la tête relevée et l'allure fière.

Les sauveteurs du Blitz

Une fois le Benelux et la France occupés en mai 1940, Hitler décide de s'attaquer à l'Angleterre. Pour soumettre le Royaume-Uni, le projet de l'Allemagne nazie est inédit dans l'histoire : bombarder Londres et les grandes villes d'Angleterre pour provoquer des dégâts importants, tuer des civils, atteindre le moral des habitants et forcer le Premier ministre britannique à capituler. Cet épisode, appelé le Blitz, dure du 7 septembre 1940 au printemps 1941. Durant ces bombardements intenses, quarante mille civils ont péri, dont quatorze mille à Londres. Quatre millions d'habitations sont détruites ou endommagées.

Dans ces décombres, des chiens vont s'illustrer et sauver des habitants ou des militaires.

Selon les estimations, sept mille chiens auraient été intégrés aux dispositifs de guerre anglais durant la Seconde Guerre mondiale. Beauty est une femelle fox-terrier qui a servi dans les équipes de sauvetage pendant le Blitz à Londres. Elle avait la particularité de trouver des personnes ou même des animaux encore vivants ensevelis dans les ruines. Elle est considérée comme une pionnière du sauvetage dans les villes bombardées. D'autres chiens comme les bergers allemands Jet, Thorn, Crumstone Irma, le bâtard Rip, le colley Peter, sont intégrés aux équipes de secours du Civil Defence Service, service de défense civile, constitué de citoyens volontaires. Durant le conflit, un berger allemand baptisé Rex suscite l'admiration pour une mission à haut risque dans des bâtiments en feu. Son excellent travail a permis de localiser de nombreux blessés et il sera décoré pour avoir sauvé des vies humaines. Malgré les débris fumants, la fumée épaisse, la chaleur intense et les jets d'eau des lances d'incendie, ce chien intrépide a fait preuve d'une intelligence hors norme et d'une détermination exceptionnelle pour détecter une victime piégée.

Pour leurs participations à ces opérations exceptionnelles, tous ces chiens ont reçu la médaille Dickin. C'est une décoration militaire créée en 1943, au Royaume-Uni, par Maria Dickin, grande protectrice du bien-être animal et fondatrice de l'équivalent britannique de la Société protectrice des animaux (SPA). La médaille Dickin est la plus haute distinction réservée et décernée à des animaux pour leur courage, « leur acte de bravoure et de dévouement au service ou en association des forces armées ou de la défense civile ». Cette récompense honorifique est considérée comme la « Victoria Cross des animaux ».

Blondi, la chienne d'Hitler

Dans l'histoire des conflits contemporains, une chienne est devenue célèbre malgré elle : Blondi, le berger allemand d'Hitler. Elle n'a pas combattu, mais les films et clichés où elle apparaît aux côtés d'Hitler durant la Seconde Guerre mondiale sont nombreux. La présence de Blondi lors des derniers instants du dictateur nazi et sa mort en avril 1945 dans le chaos de Berlin sont intimement liées au funeste destin du Führer. Blondi et Hitler apparaissent souvent ensemble quand il s'agit de montrer les moments de détente du Führer. Avec Blondi, Hitler sourit et c'est bien tout l'intérêt de ces moments photographiés entre la chienne et son maître. Ils jouent, se promènent, observent une scène ou un paysage, se reposent ensemble. Sur chaque photographie, Blondi et le dictateur nazi sont en complète harmonie et affichent une belle complicité. La chienne semble particulièrement apprécier le cadre du Berghof, la célèbre résidence d'Hitler située dans les Alpes bavaroises, perchée au-dessus de Berchtesgaden. Ces moments, spontanés ou mis en scène, sont captés, relayés et diffusés par la propagande nazie. Ces clichés visent à humaniser le dictateur. La présence de la chienne Blondi est instrumentalisée pour construire l'image d'un Führer attendri par les animaux, sensible à la fidélité de sa chienne et à l'épanouissement des animaux. Selon les auteurs américains Norbert Bromberg et Verna Small, « la compassion d'Hitler pour les animaux n'était pas plus sincère que son intérêt pour les enfants, les deux n'étant qu'un pur stratagème de propagande. »[38] Le Führer aurait même « battu sans pitié un chien pour

38. ARLUKE, Arnold, SANDERS, Clinton R., « Le travail sur la frontière entre les humains et les animaux dans l'Allemagne nazie », in *Politix, revue des sciences du politique*, n° 64, p. 31, quatrième trimestre 2003.

paraître masculin devant une jeune fille. »[39] Dans différents ouvrages, les rapports entre la chienne Blondi et Hitler, mais aussi entre le dictateur et les animaux en général, sont étudiés ou racontés à partir de témoignages ou de documents de propagande nazie. Il est donc difficile de connaître la vérité sur les liens qui unissaient le chien et son maître.

Dans un portrait consacré à Hitler et publié dans un magazine allemand, l'intérêt porté aux animaux par le dictateur est exposé en ces mots : « Savez-vous que votre Führer est végétarien, et qu'il ne mange pas de viande en raison de son attitude générale envers la vie et de son amour pour le monde des animaux ? Savez-vous que votre Führer est un ami exemplaire des animaux, et que tout en étant chancelier, il ne s'est pas séparé des animaux dont il s'occupe depuis des années ? [...] Le Führer est un opposant ardent à toute forme de torture aux animaux, notamment la vivisection[40] et il a appelé à en finir avec ces pratiques [...] remplissant ainsi son rôle de sauveur des animaux, les arrachant au supplice permanent d'une abominable douleur. »[41] Hitler est végétarien, le mot est lancé. Aujourd'hui cette affirmation est contestée. Selon certains, le dictateur mangeait parfois de la viande quand d'autres supposent qu'il est devenu végétarien sur le tard par crainte de développer des maladies.

Concernant la chienne Blondi, une chose est certaine, offerte par des proches du régime nazi à Hitler, elle sera à ses côtés durant la Seconde Guerre mondiale. Le Führer « rendait souvent hommage à la dévotion inconditionnelle que lui portait sa chienne de berger Blondi alors même qu'il

---

39. BROMBERG, Norbert, SMALL, Verna, *Hitler's Psychopathology*, International Universities Press, New York, 1983, p. 178.
40. Vivisection : dissection expérimentale pratiquée sur un animal vivant.
41. *Ibidem*, p. 32.

exprimait des doutes sur la loyauté de son personnel. »[42] Fidèle compagnon d'infortune du dictateur, Blondi a partagé les derniers instants du Führer et du IIIe Reich dans le bunker de Berlin de janvier à avril 1945. Blondi a même eu un chiot nommé Wolf qui vit aussi dans le bunker. Même si Joseph Goebbels, chef de la propagande nazie, son épouse et leurs enfants sont là avec d'autres fidèles nazis, Hitler est particulièrement attaché à la présence de sa compagne Eva Braun, de sa chienne Blondi et de Wolf[43]. « Pendant ses derniers jours dans le bunker, il ne permettait à personne de toucher ou de nourrir Wolf, le chiot de Blondi, et il risquait sa vie quotidiennement pour emmener Blondi en promenade en dehors du bunker. »[44] La fin de vie de cette chienne a été plusieurs fois racontée. Blondi serait morte après avoir été empoisonnée par Hitler. Le 30 avril 1945, quelques instants avant son suicide, Hitler aurait lui-même donné la capsule de cyanure à Blondi pour tester l'efficacité du poison et accompagner sa chienne dans ses derniers instants.

Il est impossible de s'intéresser à l'histoire de Blondi et Hitler sans aborder le nazisme et les positions du parti d'extrême droite sur les animaux. Dès les années 1920 et l'origine du Parti nazi, certains membres souhaitent défendre les animaux et adopter des mesures contre les sévices qui leur sont infligés. Une fois arrivés au pouvoir en 1933, les nazis font adopter plusieurs lois sur la protection des animaux. La même année, Hermann Göring, haut dignitaire nazi déclare dans une émission de radio : « Afin que la torture des animaux ne continue pas [...] je vais envoyer dans des camps de concentration

---

42. Padfield, Peter, *Dönitz, The Last Führer*, Harper and Row, New York, 1984.
43. Stone, Norman, *Hitler*, Little, Brown Co., Boston, 1980.
44. Arluke, Arnold, Sanders, Clinton R., « Le travail sur la frontière entre les humains et les animaux dans l'Allemagne nazie », in *Politix, revue des sciences du politique*, n° 64, p. 33, quatrième trimestre 2003.

ceux qui pensent encore qu'ils peuvent continuer à traiter les animaux comme une propriété inanimée ».[45] Si les lois de protection des animaux de novembre 1933 sont presque aussi poussées que celles adoptées en Grande-Bretagne, les peines encourues pour « mauvais traitements » sont particulièrement sévères en Allemagne nazie : deux ans de prison et une amende. Dans ces lois, il est aussi question de mise à mort de l'animal sans douleur, si l'animal domestique est vieux, malade, épuisé et si la vie est un supplice quotidien. Les expérimentations animales sont aussi davantage réglementées et encadrées pour éviter la souffrance.

L'antisémitisme et l'eugénisme, composantes du nazisme, se retrouvent aussi dans les politiques de défense des animaux instaurées par les nazis. Pour la viande cascher consommée par les Juifs, l'abattage rituel devient interdit. Pour protéger les animaux sauvages, de nouvelles législations sont également adoptées. Les lois du 27 mars 1935 sur la chasse précisent le rôle du chasseur qui « n'est pas seulement de chasser mais aussi de veiller sur les animaux sauvages, et de les protéger, de telle sorte qu'une race plus variée, plus forte, et en meilleure santé émerge et soit préservée. »[46] Des parcs naturels sont aussi créés et des actions sont menées pour sauver les espèces en voie d'extinction.

L'empathie d'Hitler envers les animaux et sa chienne Blondi, réelle ou supposée, ne peut venir en aucun cas minimiser ses actes et racheter l'homme coupable et responsable de crimes contre l'humanité. « Le ventre est toujours fécond d'où a surgi la bête immonde » écrivit en 1941 le grand dramaturge allemand Bertolt Brecht pour nous mettre en garde et rappeler l'origine la plus triviale et naturelle de l'apparition d'un dictateur aux ambitions mortifères sur cette Terre.

45. *Ibidem*, p. 17.
46. *Ibidem*, p. 20.

Les actuels chiens combattants

Après avoir exposé le cas particulier de la chienne d'Hitler, il est important pour conclure de préciser que de nombreux chiens sont toujours engagés et entraînés pour intervenir en zone de combats en ce XXIe siècle. Aujourd'hui encore, des chiennes et des chiens de l'armée française reçoivent la médaille Dickin. La prestigieuse distinction leur est décernée notamment pour des missions effectuées dans le cadre d'opérations de lutte contre le terrorisme. Certains comme Diesel et Leuk ont même été décorés à titre posthume. Le 18 novembre 2015, Diesel, chienne de race malinoise âgée de sept ans, est aux côtés des forces de police d'élite du RAID lors de l'assaut lancé contre un appartement de Saint-Denis. À l'intérieur sont retranchés Abdelhamid Abaaoud, l'un des acteurs clé des attentats du 13 novembre, commis quelques jours plus tôt à Paris et aux abords du Stade de France, sa cousine et un autre djihadiste. Lors de l'attaque où les trois occupants sont tués, Diesel est touchée par balle et perd la vie. Selon le RAID, la chienne, en première ligne, aurait sauvé la vie de plusieurs policiers. Avant de recevoir la médaille Dickin à titre posthume, de nombreux internautes ont tenu à lui rendre hommage sur des réseaux sociaux avec le hashtag #JeSuisChien.

Plus récemment, Leuk, un berger malinois tué en mai 2019 par un insurgé au Mali a reçu également la médaille Dickin à titre posthume en avril 2021. Leuk a servi au sein du prestigieux commando Kieffer de la marine française et avait pour habitude d'attaquer sans relâche l'ennemi malgré les balles et le feu pour permettre aux soldats de se rapprocher de leur cible et la neutraliser. Leuk sauva ainsi des vies humaines. Tué lors d'une opération, sa dépouille avait été « rapatriée recouverte du drapeau français et saluée par une haie d'honneur ». En France il existe aussi une décoration pour le dévouement des chiens. La médaille d'or de la Défense nationale a été attribuée par exemple à Fitas qui déjoua une embuscade en Afghanistan en 2011. Aujourd'hui encore, les armées françaises comptent plus de deux mille chiens pour la recherche ou l'intervention, ils sont qualifiés de « compagnons hors norme » et de « soldats à part entière sur lesquels repose parfois la réussite d'une mission. »[47] Certains chiens sont même entraînés à sauter en parachute avec leur maître-chien dans le cadre d'opérations spéciales.

Pour honorer les chiens des armées françaises, ces braves animaux défilent parfois avec leur maître sur les Champs-Élysées le 14 juillet, jour de la fête nationale. La société civile rend aussi honneur aux chiens valeureux avec les Trophées des chiens héros organisés depuis 2017 par l'association la Centrale Canine. Des chiens de sauvetage, médiateurs ou des armés sont distingués. En mai 2023, Onyx, berger belge malinois de cinq ans, aux côtés de son maître Aldo du commando parachutiste de l'air (CPA) n° 10, a remporté le trophée dans la catégorie « chien de recherche d'explosifs et d'armement ». Il fut le seul chien engagé en Afghanistan l'été 2021. À Kaboul reprise par les Talibans, il a permis de sécuriser l'évacuation de ressortissants français et étrangers de l'Ambassade française vers l'aéroport dans « un climat sécuritaire et sanitaire chaotique, parfois sous le feu ennemi, au milieu de foules denses et terrifiées »[48].

---

47. « Mon chien, ce soldat », reportage de la délégation à l'information et à la communication de la Défense, 2021. L'armée de l'Air et de l'Espace compte à elle seule six cent cinquante chiens dans ses rangs pour des missions de patrouille, la recherche et la détection d'explosifs ou de stupéfiants. Les chiens d'assaut sont incorporés au sein du commando parachutiste de l'air (CPA) n° 10. Informations transmises par l'aspirant Jean Plassart, armée de l'Air et de l'Espace, département médias.
48. Communiqué du 26 mai 2023 du ministère des Armées, armée de l'Air et de l'Espace.

Les oiseaux, ces précieux volatiles

Pas besoin de radios ou télégraphes, de radars ou mallettes de transmission et encore moins de satellites pour recevoir ou envoyer un message avec les oiseaux. Ils ont joué un rôle dans l'histoire des conflits dès l'Antiquité. Durant la Première Guerre mondiale, des pigeons messagers vont s'illustrer dans l'air chargé et menaçant des champs de bataille. Vingt-deux ans plus tard, ces oiseaux seront les animaux les plus récompensés et les plus honorés de la Seconde Guerre mondiale.

Les oies du capitole

En 390 av. J.-C., les Gaulois attaquent et occupent Rome. Cette fois-ci, d'irréductibles Romains résistent depuis le Capitole, l'une des sept collines de la célèbre cité antique. Ce lieu est hautement symbolique, car il incarne la vie politique et religieuse de la cité, c'est là où est érigé le temple de Jupiter Capitolin. Le siège du Capitole dure sept mois avant l'assaut final. En pleine nuit, les Gaulois décident de s'emparer de cette dernière place forte tenue par les Romains, mais ils ignorent la présence de précieux alliés dans les rangs ennemis : les oies. Les Gaulois tentent leur opération nocturne mais sont repérés par les palmipèdes qui crient, battent des ailes et donnent ainsi l'alarme. Ni une ni deux, les Romains s'arment, défendent leur colline et repoussent l'attaque gauloise. Surpris par cette résistance romaine, le chef gaulois Brennus engage des pourparlers

et décide de quitter Rome avec ses hommes en échange d'une rançon élevée. Il aurait alors crié lors de la pesée des livres d'or la célèbre maxime « Vae victis ! », « Malheur aux vaincus ! ». Cette histoire nous est racontée par Tite-Live, célèbre historien de la Rome antique. De nos jours, cet événement est toujours sujet à de nombreuses interprétations et légendes. Mais qui l'eût cru ? Brennus et son célèbre bouclier démasqué par des oies !

Les pigeons, messagers des deux guerres mondiales

Les pigeons voyageurs délivrent des messages et des informations capitales depuis l'Antiquité. Ils étaient déjà utilisés par les Perses, Assyriens, Phéniciens, Grecs et Romains. Dans la langue française, l'art et la science d'élever les pigeons voyageurs se nomment la colombophilie. Ce fut un privilège seigneurial de Charlemagne à la Révolution française.

Les premiers colombiers militaires sont créés en 1877, ils font partie de la section « télégraphie militaire » et sont implantés dans les places fortes du nord et de l'est de la France. En 1881, huit colombiers militaires sont recensés à Paris, Vincennes, Marseille, Perpignan, Verdun, Lille, Toul et Belfort[49].

L'âge d'or des pigeons voyageurs dans l'histoire des conflits est le XXe siècle, ils seront nombreux à voler au cours des deux guerres mondiales pour transmettre des messages essentiels, des cartes, des plans. Ancêtre des drones, certains pigeons seront même munis de petits appareils pour réaliser des photos aériennes lors de missions de reconnaissance.

---

49. Calvet, Florence, Demonchaux, Jean-Paul, Lamand, Régis, Bornert, Gilles, « Une brève histoire de la colombophilie », *Revue historique des armées*, p. 93-105, n° 248, 2007.

Vaillant, l'héroïne de Verdun

Au début de la Première Guerre mondiale, les autorités militaires françaises considéraient les pigeons voyageurs comme secondaires voire inutiles face aux innovations technologiques du début du XXe siècle. Mais à partir de 1915, les colombophiles civils vont redonner aux pigeons voyageurs une importance toute particulière. Des informations sur les avancées allemandes seront particulièrement bien transmises grâce aux pigeons. Certaines armées françaises se dotent alors de colombiers dits de « l'arrière » et de « l'avant ». Toujours en 1915, trois colombiers mobiles entrent dans les rangs grâce à des bus à impériales transformés en dortoirs pour pigeons voyageurs. Il faut attendre 1916 et la bataille de Verdun pour voir entrer dans l'histoire de la Grande Guerre les pigeons voyageurs dont l'un d'entre eux est devenu une légende : l'iconique Vaillant.

Le 1er juin 1916, le fort de Vaux, situé au cœur de la bataille de Verdun, est encerclé par l'ennemi allemand. En son sein, le commandant Raynal et ses hommes sont pris au piège. Quatre pigeons du colombier militaire de Verdun en possession du commandant Raynal représentent l'unique moyen pour communiquer avec l'extérieur et les autres positions françaises. Le 2 juin 1916, le premier pigeon voyageur s'envole depuis le fort de Vaux avec ce message : « L'ennemi est autour de nous. Je rends hommage au brave capitaine Taboureau, très grièvement blessé. Nous tenons toujours. »[50] Deux autres oiseaux sont lâchés à partir du 3 juin 1916 pour faire le point sur l'assaut ennemi et la situation à l'intérieur du fort. Le 4 juin 1916, le pigeon femelle baptisé « Vaillant », matricule 787-15 gagne les airs avec l'ultime missive « Nous tenons toujours mais

50. *Ibidem.*

nous subissons une attaque par les gaz et les fumées dangereuses. Il y a urgence à nous dégager [...] C'est mon dernier pigeon ». Mais les fumées causées par les gaz asphyxiants allemands perturbent le volatile qui fait demi-tour et revient au camp de base. Le commandant Raynal ne peut attendre et relâche immédiatement le précieux pigeon voyageur. Vaillant déploie de nouveau ses ailes et met le cap sur la citadelle de Verdun. Soulagement pour Raynal, l'oiseau a pris la bonne direction, le message parvient bien aux frères d'armes français mais cela ne sera pas suffisant pour sauver la position du fort de Vaux. Le 7 juin 1916, Raynal finit par se rendre avec deux cent cinquante survivants. Vaillant retrouve son colombier dans un piteux état. Intoxiqué par les gaz ennemis, l'oiseau est entre la vie et la mort. Grâce aux soins prodigués par des colombophiles, Vaillant est sauvé et avec les honneurs.

Déjà reconnue pour avoir effectué cinq missions délicates, Vaillant reçoit la bague d'honneur aux couleurs de la Légion d'honneur. Sur une façade du fort de Vaux, une plaque commémore la bravoure de Vaillant : « Aux colombophiles morts pour la France, au pigeon de Verdun » avec la citation suivante : « Malgré des difficultés énormes résultant d'une intense fumée et d'une émission abondante de gaz, a accompli la mission dont l'avait chargé le commandant Raynal, unique moyen de communication de l'héroïque défenseur du fort de Vaux, a transmis les derniers renseignements qui aient été reçus de cet officier. Fortement intoxiqué est arrivé mourant au colombier ».[51] Vaillant est ainsi citée à l'ordre de la Nation, titre de reconnaissance créé en 1917 par le président Raymond Poincaré,

51. Cette plaque est située à Damloup dans la Meuse, et a été érigée par souscription des Sociétés colombophiles de France, par les amis des pigeons voyageurs et par la société colombophile de Verdun. Elle fut inaugurée le 24 juin 1929.

de quoi se sentir pousser des ailes. Durant la Première Guerre mondiale, près de seize mille pigeons voyageurs effectuèrent des missions pour l'Armée française. À l'issue de la Première Guerre mondiale, la France compte trente mille pigeons et trois cent cinquante colombiers mobiles qui prennent la forme de remorques ou de bus aménagés. À Lille, et c'est unique en France, un monument à la mémoire des pigeons voyageurs de la Grande Guerre a été érigé en 1936, il est situé à l'entrée du parc zoologique.

Cher-Ami, le miraculé de 1918

Cher-Ami est un pigeon britannique incorporé à la 77e division d'infanterie américaine qui jouera un rôle capital dans le sauvetage d'un bataillon américain en déroute.

En octobre 1918, durant l'offensive Meuse-Argonne, le major Whittlesey est totalement désemparé face aux contre-offensives ennemies. Lui et ses hommes sont encerclés par les Allemands et essuient des tirs d'artillerie. Entre le 3 et le 4 octobre 1918, près de la moitié des hommes de son bataillon meurent sous les balles et tirs de mortiers ennemis. À court de munitions et de vivres dans la cuvette de Charlevaux, il faut informer au plus vite les autres positions alliées. Sur les huit pigeons voyageurs en sa possession, six sont envoyés dans un premier temps pour demander des renforts, de l'approvisionnement et des tirs sur les troupes allemandes pour atténuer le feu ennemi. Les missives arrivent à destination mais en raison d'une erreur de coordonnées dans le message, les Alliés bombardent non pas les Allemands mais Whittlesey et ses soldats. Le major décide alors d'envoyer son avant-dernier pigeon. Mauvaise manipulation ou excitation du volatile, à peine sorti de son colombier mobile, l'oiseau s'envole avant qu'un nouveau message soit accroché sur lui.

Le pigeon Cher-Ami est alors sa dernière chance. Whittlesey enroule avec précaution le message vital à la patte droite du pigeon. « Notre propre artillerie fait un tir de barrage sur nous. Pour l'amour du ciel arrêtez ! » Mais Cher-Ami n'a pas très envie de voler dans ce chaos, il ne s'attarde pas dans le ciel et préfère les branches des arbres arrachés par le déluge d'obus pour se poser et se protéger des tirs. C'est alors qu'un soldat américain sort du ravin où il était terré pour secouer l'arbre. Cher-Ami finit par s'envoler. Où va-t-il ? Sera-t-il abattu ? Nul ne le sait. Dans ce ciel d'enfer, le pigeon prend la direction du quartier général américain situé à quarante kilomètres. Cher-Ami vole à une vitesse de quatre-vingt-dix kilomètres par heure et atteint son objectif en vingt-cinq minutes. Miracle ! Une balle lui a traversé la poitrine, il lui manque une patte mais il est encore en vie et surtout le cartouche contenant le précieux message est toujours accroché à la patte qui lui reste. Quelques temps plus tard, les tirs d'artilleries alliés ne visent plus leurs frères d'armes, c'est-à-dire le major Whittlesey et ses hommes mais bien l'ennemi. Cent quatre-vingt-quatorze soldats américains sont ainsi sauvés « grâce au ciel ». Cher-Ami est décoré de la croix de guerre avec palmes par le gouvernement français. Rapatrié aux États-Unis, il décède des suites de ses blessures le 13 juin 1919. Son corps fut empaillé et exposé au National Museum of American History de Washington.

GI-Joe et White-Vision, les sauveurs de 1943

C'est sans doute l'un des pigeons les plus célèbres. GI-Joe s'est illustré au cours de la Seconde Guerre mondiale lors de la bataille d'Italie. Le 18 octobre 1943, les soldats britanniques s'emparent de la ville italienne Calvi Vecchia plus tôt que prévu. Un bombardement allié devait avoir lieu pour faire céder les Allemands et les forcer à partir mais la cité est déjà reprise. Une fois le millier de soldats britanniques entrés dans Calvi Vecchia, il faut en urgence annuler le bombardement. Le seul moyen d'éviter la catastrophe est d'envoyer GI-Joe à temps au quartier général situé à trente kilomètres pour stopper l'opération. Le pigeon voyageur atteint le Q. G. en vingt minutes, au moment où les bombardiers alliés allaient décoller. Mission accomplie, le message est délivré. La ville de Calvi Vecchia ne sera pas en ruine, des civils et les soldats britanniques ont la vie sauve. À plusieurs kilomètres de là, en ce même mois d'octobre 1943, un autre pigeon va sauver des vies.

White-Vision est un pigeon femelle qui délivra un message de sauvetage pour l'équipage d'un avion de la Royal Air Force, forcé d'amerrir au large des côtes écossaises en mer du Nord. Privés de radios, l'oiseau à bord est leur seule chance de survie. White-Vision s'envole avec la position de l'appareil et un message d'urgence. Elle vole avec un vent pleine face durant presque cent kilomètres et parvient à son colombier militaire. Après dix-huit heures passées à attendre dans le vent et le froid, les onze membres d'équipage sont sauvés grâce à l'action de White-Vision.

Du côté allié, tout au long de la Seconde Guerre mondiale, « 200 000 jeunes oiseaux donnés par les éleveurs anglais furent utilisés par la Royal Air Force, l'armée de Terre, l'Intelligence service. Les États-Unis fournirent, quant à eux, plus de 46 000 pigeons. »[52] Pour leur service, les pigeons des forces alliées sont les animaux les plus décorés de la Seconde Guerre mondiale. Gi-Joe et White-Vision ont reçu la fameuse médaille Dickin crée en 1943 au Royaume-Uni pour honorer les animaux en temps de guerre.

52. *Ibidem.*

Au total, trente-deux pigeons ont été décorés pour leurs actions menées durant la Seconde Guerre mondiale. Les pigeons Gustav, Paddy, Duke-of-Normandy ont été ainsi distingués pour la délivrance de messages lors des opérations du Débarquement de Normandie le 6 juin 1944. Sur la médaille entourée d'un liseré de lauriers, nous pouvons lire : « For Gallantry, we also serve », signifiant en français : « Pour bravoure. Nous servons aussi ».

Avec l'évolution technologique des moyens de transmission et de communication, les pigeons sont de moins en moins présents dans les cieux des zones de combats à partir des années 1960 mais sans disparaître pour autant. En France, le 8e régiment de transmissions de l'armée de Terre entretient la tradition depuis le dernier colombier militaire d'Europe situé au Mont Valérien en Île-de-France. Entre cent cinquante et deux cents pigeons voyageurs y vivent, ils ne sont plus entraînés pour des opérations sur une zone de conflit, mais participent parfois à des courses[53]. En ce XXIe siècle, certaines puissances internationales sont toujours intéressées par les missions qui pourraient être confiées à ces oiseaux messagers. Depuis les années 2010, la Chine a mis au point un nouveau programme d'entraînement de pigeons voyageurs pour pouvoir envoyer des messages de la plus haute importance en cas de panne des réseaux de communication. Le contingent est constitué de dix mille oiseaux au minimum. Et si les pigeons voyageurs étaient une des solutions pour conserver des échanges d'informations sécurisés face aux cyberattaques et

53. Les pigeons ne sont pas les seuls oiseaux présents dans les rangs français. L'armée de l'Air et de l'Espace possède cinquante-quatre rapaces dont vingt faucons pèlerins, dix-huit buses de Harris et quatre aigles royaux selon les données transmises par l'Aspirant Jean Plassart, armée de l'Air et de l'Espace, département médias.

à l'espionnage numérique ? Dans un article publié en 2019, l'historien militaire américain Frank Blazich a choisi un titre sans équivoque : « À l'ère de la cyberguerre, ramenez les pigeons » ![54]

54. Blazich, Frank, *In the era of electronic warfare, bring back pigeons*, War on the rocks-Texas National Security Review, 16 janvier 2019.

Les chats, des tranchées à la guerre froide

Au cours de la Première Guerre mondiale, plusieurs centaines de chats furent les compagnons d'infortune des poilus dans les tranchées. Au-delà d'apporter du réconfort et un peu de divertissement, les chats pourchassaient et tuaient les rats tout en alertant les soldats quand ils reniflaient des gaz toxiques.

Dans les années 1940, durant la Seconde Guerre mondiale et au lendemain de ce conflit, les deux chats les plus célèbres étaient des matelots. Ils avaient les coussinets marins, paraît-il. Cette tradition remonte aux flottes de l'Antiquité dans lesquelles les chats étaient déjà embarqués pour accompagner les marins et chasser les nuisibles à bord.

Sam, l'insubmersible

Sam est un chat hors du commun, peut-être polyglotte, mais certainement téméraire. Chat de navire allemand puis britannique, il est célèbre pour avoir survécu à trois naufrages en moins de six mois. De là à dire qu'il fut le chat noir des équipages… Son pelage était noir et blanc !

Sam est dans un premier temps embarqué sous les couleurs de la Kriegsmarine, côté allemand, à bord du cuirassé *Bismarck*. En mai 1941, place à l'opération Rheinübung

qui consiste à gêner les convois de ravitaillement alliés en direction de la Grande-Bretagne. Mais finalement les Alliés coulent le *Bismarck* le 27 mai 1941. L'équipage du destroyer de la Royal Navy le *HMS Cossack* découvre, ébahi, un adorable minou rescapé sur une planche de bois qui flotte au gré des vents et des flots. Les marins décident de le recueillir et le baptisent Oscar. Le chat, passé du côté allié, vogue sur la Méditerranée et l'Atlantique Nord. Mais une mission d'escorte tourne mal le 24 octobre 1941 entre Gibraltar et la Grande-Bretagne. Le *HMS Cossack* est touché par une torpille lancée par un sous-marin allemand, l'un des redoutables U-Boot de la bataille de l'Atlantique. Le tiers avant du destroyer est arraché, cent cinquante-neuf membres d'équipage perdent la vie. Oscar, lui, était du bon côté du navire. Le voilà transféré avec les survivants sur le *HMS Legion*, un autre navire de la Royal Navy. C'est à cet instant que notre chat est surnommé « Unsinkable Sam », « Sam l'insubmersible ».

Il est ensuite affecté sur le *HMS Ark Royal*, un porte-avions britannique. Alors qu'il met le cap sur Malte, une nouvelle torpille de sous-marin allemand percute le navire. L'*Ark Royal* coule lentement, ce qui permet une opération de sauvetage de l'équipage. Sam est de nouveau rescapé, mais il ne ressentira plus les embruns sur sa moustache et sa truffe. Sam restera à terre aux côtés du gouverneur de Gibraltar avant de gagner le Royaume-Uni où il finira ses jours dans la Maison des marins de Belfast. L'histoire de Sam fascine toujours outre-Manche et certains se demandent si le chat du *Bismarck* et celui des navires britanniques étaient bien un seul et même chat. Les marins ont toujours aimé les histoires, la mer a toujours transporté son lot de légendes et les chats quant à eux ont toujours cultivé une part de mystère.

Simon, le premier médaillé

1948, sur un quai de Hong Kong, alors colonie britannique située au sud-est de la Chine, un chat fouine ici et là, à la recherche d'un peu de nourriture et pour le plaisir de renifler et de se promener. George, un marin de dix-sept ans, engagé sur le *HMS Amethyst*, navire de guerre britannique, croise son chemin. Attendri par ce petit chat, il décide de l'embarquer avec lui. Baptisé Simon, l'équipage l'adopte très vite, à commencer par le lieutenant commandant Ian Griffiths qui aime le voir se blottir dans sa casquette lors des instants de repos. Simon s'avère aussi être un redoutable chasseur de rats. Les marins sont impressionnés quand il parvient à éliminer le plus gros rat du navire surnommé Mao Zedong.

En avril 1949, c'est la guerre civile en Chine entre les communistes et les partisans de la République de Chine. Dans ce contexte, l'*Amethyst* a pour mission de remonter le fleuve Yangtsé de Shanghai jusqu'à Nankin, encore capitale de la République de Chine, pour évacuer le personnel de l'ambassade britannique. Les autorités du Royaume-Uni craignent une prise de la ville par les communistes. Le 20 avril 1949, même si les Britanniques ne sont pas engagés dans ce conflit, l'*Amethyst* est pris pour cible à deux reprises par l'armée populaire de libération, le bras armé des communistes. Skinner, le nouveau capitaine du navire, est tué lors de ces attaques. Le bateau est endommagé et s'échoue avec à son bord les survivants de l'équipage et le valeureux chat Simon.

La pauvre bête est blessée, Simon a reçu des éclats d'obus sur le dos et les pattes. Le voilà conduit et soigné à l'infirmerie du navire où le médecin compte bien le sauver et le garder en observation. Simon s'en sort et continue de remonter le moral de tous ces braves marins coincés à l'intérieur de l'*Amethyst*. Certains d'entre eux vont s'échapper du bateau, d'autres resteront à bord et parviendront à déséchouer puis ancrer le bâtiment. Mais le navire restera bloqué sur le fleuve pendant dix semaines car les communistes se sont emparés de la ville de Nankin située en face et empêchent l'*Amethyst* de quitter sa position. Simon va alors jouer un rôle crucial pour sauver le peu de vivres restants en chassant tous les nuisibles possibles. Fier de ses prises de guerre, il dépose fréquemment les cadavres de ses proies aux pieds des marins. Dans la nuit du 30 au 31 juillet 1949, l'*Amethyst* profite de la présence d'un imposant cargo chinois pour s'échapper dans son sillage.

Les survivants et Simon sont accueillis en héros à leur retour en Angleterre. Simon se voit décerner l'emblématique médaille Dickin. C'est le premier chat de l'histoire à recevoir cette prestigieuse distinction. Mais avant la cérémonie officielle, il doit respecter une quarantaine de six mois. La nouvelle fait le tour du monde, des photos de Simon et de sa frimousse noire et blanche s'affichent dans de nombreux journaux internationaux. Depuis son lieu de résidence, Simon reçoit des jouets, des gourmandises et des lettres, un « cat officer » lui est même attribué. Hélas, Simon tombe malade et s'éteint quelques jours avant la cérémonie de remise de la médaille. Ses anciens compagnons de l'*Amethyst* sont profondément attristés. Le jour de son inhumation dans un cimetière animalier d'Ilford dans l'Essex, son petit cercueil de bois est recouvert de l'Union Jack, le drapeau du Royaume-Uni. À l'annonce de sa mort, l'émotion fut tellement vive que Simon eut droit à une nécrologie et un hommage avec photo dans le *Time* du 12 décembre 1949.

Opération « Acoustic Kitty »

Durant la guerre froide, la finesse et la discrétion des chats seront utilisées par les Américains pour espionner les Soviétiques lors de l'opération intitulée « *Acoustic Kitty* », « chaton acoustique ». Entre 1961 et 1966, la CIA, célèbre agence

centrale américaine de renseignements, lance un projet à la fois audacieux et farfelu pour tenter d'écouter les ambassades et lieux de pouvoir de l'URSS. Cette opération est pilotée par la direction scientifique et technologique de la CIA. Des piles et un micro sont implantés dans les corps de chats domestiques. Le long de la colonne vertébrale du chat et en direction de sa queue est installée une antenne de transmission. Une fois les chats transformés en dispositifs d'écoute sur pattes, ils sont lâchés aux abords des ambassades soviétiques, dans des parcs et non loin des entrées.

Nul ne sait si des tests de miaulements furent effectués pour contrôler le bon fonctionnement de cet étonnant dispositif. Le coût de la mission : vingt millions de dollars. Très cher payé pour un fiasco. Aucun renseignement ne fut collecté par ces chats émetteurs, à croire que leurs moustaches furent aussi efficaces que les antennes implantées dans leurs corps pour divulguer des conversations soviétiques top secret. Comble de l'échec et mauvais présage, le premier chat lâché dans un jardin public à proximité de l'ambassade de l'URSS à Washington fut écrasé par un taxi. L'opération sera finalement abandonnée quelques années plus tard pour le plus grand bonheur des chats qui pourront continuer de ronronner dans le plus grand secret.

L'ours Wojtek, mascotte et caporal

Wojtek est une icône de la Seconde Guerre mondiale. Cet ours charismatique crève l'écran. Filmé à maintes reprises par l'armée polonaise, ses frasques et son engagement au sein de la 22e compagnie d'artillerie durant la Seconde Guerre mondiale ont été immortalisés par de nombreuses caméras et appareils photos. Mais attention Wojtek n'était pas qu'une mascotte star, il était considéré comme un soldat et a même obtenu le grade de caporal.

Né en Iran au début des années 1940, le valeureux plantigrade est orphelin quand des soldats polonais de l'armée Anders en mission au Moyen-Orient l'adoptent en 1942, l'incorporent à leur unité et le baptisent Wojtek. Compagnon de jeu et gardien de camp la nuit, il va parfois donner un coup de main, ou plutôt un coup de patte bien précieux. Un de ses anciens camarades de l'armée polonaise, Wojciech Narebski, s'est confié à des journalistes en 2019. Il raconte ses souvenirs avec cet ours légendaire toujours considéré « comme un frère ». L'ours Wojtek s'est rendu sur différentes zones de conflit aux côtés de ses frères d'armes polonais, du Moyen-Orient au nord de l'Afrique et jusqu'en l'Italie. Il passe par l'Irak, la Syrie, la Palestine, l'Égypte. De là, il traverse la Méditerranée et direction Monte Cassino où il s'illustre entre janvier et mai 1944. Il n'a jamais combattu l'ennemi sur le champ de bataille mais il est un renfort apprécié à l'arrière. « Comme il était très fort, il était capable de porter à lui tout seul une caisse de munitions que nous devions normalement porter à quatre. » En parfait soldat, l'ours Wojtek a ses rations journalières, un salaire, un livret militaire, un matricule, il fume ou plutôt il avale des cigarettes et aime boire une petite bière de temps en temps. « Quand quelqu'un buvait à côté de lui, il faisait signe avec sa patte de lui en donner. Si on lui tendait une cannette fermée, il faisait un trou dedans avec une griffe et il buvait. » En remerciement de ses bons et loyaux services, il reçoit quelques gourmandises sucrées. Il raffole surtout du miel et de la marmelade. Wojtek mesure 1,80 m et pèse deux cent vingt kilogrammes, il est ainsi un excellent compagnon d'entraînement pour des corps à corps mouvementés, mais toujours amicaux. « S'il gagnait le combat, Wojtek léchait toujours le visage du soldat battu allongé sur le dos, comme s'il voulait s'excuser de l'avoir battu », raconte Wojciech Narebski. Au lendemain de la Seconde Guerre mondiale, après avoir été démobilisé, il prend sa retraite au zoo d'Édimbourg, en Écosse, où il s'éteint en 1963 à l'âge de vingt-deux ans. Wojtek est le seul ours connu de l'histoire à avoir servi au sein d'une force armée. Depuis 2009, Wojtek a une statue à son effigie dans le Princes Street Gardens à Édimbourg et un mémorial porte son nom. Le Wojtek Memorial Trust a été érigé pour célébrer la vie de Wojtek, « the Soldier Bear ». La Pologne, son pays d'adoption, honore aussi sa mémoire. En 2014, pour les soixante-dix ans de la bataille de Monte Cassino, une statue de Wojtek est inaugurée dans le parc Jordan à Cracovie. Inoubliable Wojtek !

Les dauphins, espions et saboteurs

Les projets étonnants de la CIA ne se sont pas arrêtés aux chats, les dauphins ont aussi participé malgré eux à des programmes d'espionnage et de sabotage. Dans les années 1960, toujours en pleine guerre froide, les Américains entraînent et dressent des dauphins pour aller espionner les sous-marins nucléaires soviétiques. Le programme baptisé Oxygas consiste à tenter de remplacer les plongeurs humains par des dauphins, pour installer des explosifs sur les coques de navires soviétiques et pénétrer dans certains ports d'URSS afin de déposer du matériel d'écoute ou des détecteurs de missiles. Les services secrets américains ont même mené une expérience pour savoir si les dauphins pouvaient nager à proximité de sous-marins et capter leur signal *via* des appareils disposés sur leur corps. Finalement, ce projet est abandonné faute de résultats probants, mais des dauphins auraient tout de même été utilisés parfois pour des missions de reconnaissance.

Les dauphins n'ont pas été contraints de rejoindre uniquement les rangs américains, les Russes ont aussi développé plusieurs programmes d'espionnage avec les cétacés dès la guerre froide. Des dauphins russes auraient été aussi engagés en mer Noire, lors de la récente guerre d'Ukraine, en 2022. Cette information provient d'images satellites transmises par les Américains et relayées par NBC News. Dans le port emblématique de Sébastopol, deux rectangles sont visibles depuis le ciel et l'espace. Pour l'institut naval américain, cela ne fait aucun doute, ce sont des enclos de dauphins. Les Russes utiliseraient ces précieux mammifères marins pour leur capacité à repérer grâce à leur sonar des plongeurs ennemis qui viendraient poser des explosifs sur les coques de leurs navires. Les Russes utiliseraient aussi des dauphins pour explorer et filmer les fonds marins après avoir sanglé une caméra autour de leur évent.

LES ANIMAUX, HÉROS DE LA SCIENCE ET DE LA SCÈNE POLITIQUE

Réduire le rôle et la présence des animaux dans l'histoire aux champs de bataille serait une erreur. Les animaux ont aussi servi les humains dans les domaines diplomatiques, scientifiques, technologiques, économiques et agricoles. Certains animaux ont joué un rôle prépondérant dans l'histoire des modes de vie et des activités humaines dès les origines de l'organisation des sociétés. Les bêtes de somme comme les ânes, les mulets, les chevaux, les bœufs, les buffles, ont été essentielles dans le développement des villes et des campagnes, pour déplacer des charges lourdes sur les chantiers, en agriculture dans les fermes et pour les travaux des champs, dans les mines de charbon, pour nos déplacements ou le transport de marchandises. Par exemple, les équidés sont particulièrement nombreux à Paris durant le XIXe siècle. Selon l'historien Daniel Roche, à Paris, Londres, Berlin ou Vienne, « les chevaux des villes font la cité moderne »[55]. Dans la capitale française, le nombre de chevaux est passé de vingt-cinq mille en 1789 à quatre-vingt mille en 1890. Si nous

55. ROCHE, Daniel, *Ville des signes, ville des choses, urbanité et Lumières* ; *De l'esprit des villes, Nancy et l'Europe urbaine au siècle des Lumières, 1720-1770*, Nancy, Musée des Beaux-Arts de Nancy, 2005, p. 35-46.

ajoutons les effectifs des arrondissements de Sceaux et Saint-Denis, nous dénombrons cent cinq mille équidés à la fin du XIXe siècle. Quand ces chevaux ne peuvent plus servir les intérêts humains en outil de traction et de transport, leur corps est souvent dépecé pour nourrir les habitants des villes. Des parties de leur anatomie sont commercialisées comme « les muscles, le sang, la graisse, les os et les intestins de 10 000 à 12 000 chevaux qu'on abat à Paris chaque année »[56]. La contribution imposée aux animaux pour notre confort, notre alimentation, le développement de nos sociétés et de notre économie ne fait guère de doute. Les animaux ont toujours été visibles dans les paysages des villes jusqu'au XXe siècle avant d'être remplacé par des machines, des voitures ou des camions.

À l'inverse des animaux des cités ou des champs, les animaux de laboratoire sont enfermés, à l'abri des regards. Pourtant, ils ont joué un rôle central dans de nombreux protocoles scientifiques, pour l'élaboration de nombreux traitements, des vaccins, pour comprendre les effets d'une arme biologique ou des radiations, pour accroître nos connaissances sur les neurosciences et les comportements ou tout simplement enrichir les savoirs de la recherche fondamentale. Certains animaux cobayes sortent de ces masses anonymes et deviennent des icônes, grâce au rôle croissant de l'image dans la communication et la propagande. Dans la seconde moitié du XXe siècle, durant la guerre froide, l'espace sera un des terrains d'affrontement des puissances occidentales et soviétiques. Avant de risquer la vie des êtres humains, des chiens et d'autres animaux sont envoyés dans les airs et dans

---

56. Rapports généraux sur les travaux du Conseil de salubrité à Paris de 1815 cité *in* CORBIN, Alain, *Le Miasme et la Jonquille* et *in* THOMAS, Olivier, *Les Rats sont entrés dans Paris*, Paris, Vendémiaire, 2022.

l'espace. La conquête spatiale engendrera ainsi des « animaux vedettes », des « cobayes stars ». Face aux enjeux de société actuels et aux fortes mobilisations des défenseurs de la cause animale, cette thématique s'achèvera par une réflexion sur l'expérimentation et la condition animale au fil des siècles.

Il sera enfin question de l'animal compagnon des puissants, vivant à leurs côtés dans le cadre feutré des cours royales ou des empires. De nombreux animaux exotiques sont extraits de leur milieu naturel et offerts comme cadeau diplomatique. Possédés, enfermés, montrés, ces animaux symbolisent la gloire, la puissance et la richesse du souverain. Les animaux captifs font ainsi leur apparition, les premières ménageries royales, ancêtres des parcs zoologiques, sont construites. Dans la deuxième moitié du XXe siècle, chefs d'État ou monarques n'hésitent pas à poser devant les objectifs avec leurs animaux de compagnie pour augmenter leur capital sympathie. Deux questions seront abordées en toile de fond. Quelle place et quelle vie pour ces animaux qui partagent l'intimité de celles et ceux qui exercent le pouvoir ?

Au service du progrès

Ce 19 septembre 1783, un coup de canon retentit dans le ciel de Versailles. Il annonce l'embarquement d'un coq, d'un canard et d'un mouton dans un panier en osier accroché à un ballon, celui des frères Joseph et Étienne Montgolfier. Il est environ 13 heures quand ces animaux prennent place dans cet étrange engin qui prendra bientôt le nom de montgolfière. Ils sont les seuls à bord. L'avant-cour du château de Versailles est bondée, le roi de France Louis XVI et la famille royale sont aux premières loges.

Un deuxième coup de canon est tiré, annonciateur du décollage imminent. Grâce à un feu de paille et de laine mouillée, le ballon, composé d'une toile de coton encollée de papier, peut partir dans les airs, direction non pas les étoiles, mais les cieux du royaume de France. Au décollage, le public est fasciné et applaudit la performance. Ces passagers à quatre ou à deux pattes se retrouvent à six cents mètres d'altitude, quand le ballon se déchire quelque peu et redescend lentement sur la terre ferme trois kilomètres et demi plus loin dans le bois de Vaucresson. L'équipage est sain et sauf. C'est le premier vol aérostatique de l'histoire et des animaux en sont les premiers passagers. L'ascension d'un ballon dans l'atmosphère est bien moins périlleuse qu'un décollage de fusée et une virée dans l'espace. Durant la guerre froide, Américains et Soviétiques vont se disputer la suprématie aérospatiale.

Les animaux seront les premiers êtres vivants dans l'espace et parfois les premières victimes des expériences et voyages dans le cosmos.

Les singes américains, pionniers de la course à l'espace

À peine la Seconde Guerre mondiale terminée, place à la rivalité Washington-Moscou. Durant la guerre froide, la course à l'espace est au cœur de la stratégie des deux blocs pour affirmer leur puissance et leur supériorité. Les premiers à envoyer des êtres vivants à plusieurs dizaines de kilomètres d'altitude sont les Américains. Après quelques mouches parties battre de l'aile dans une fusée V2, à cent neuf kilomètres d'altitude, les singes sont les premiers mammifères embarqués. En 1948, Albert 1er est ainsi le premier macaque rhésus à atteindre soixante-trois kilomètres d'altitude et à ressentir l'apesanteur. Malheureusement, il décède de suffocation pendant la mission. Un an après ce premier essai, Albert II devient le premier mammifère à atteindre l'espace, à cent trente-quatre kilomètres d'altitude mais le voyage se solde encore par la mort du malheureux passager : sa capsule s'écrase en raison d'un dysfonctionnement du parachute d'atterrissage. Le programme ne s'arrête pas pour autant et sera prolongé jusqu'en 1951. Cette même année Albert VI, surnommé Yorick, regagnera enfin la Terre en vie après un voyage à soixante-douze kilomètres d'altitude. C'est une belle performance, mais c'est en dessous du seuil de l'espace situé à cent kilomètres au-dessus du niveau de la mer. Hélas, Albert VI décède quelque temps après son retour, l'hypothèse d'un choc thermique est évoquée. Si les Américains misent sur les singes, les Soviétiques préfèrent les chiens qui leur permettront de remporter les premières victoires spatiales.

Les chiens soviétiques, premiers survivants de l'espace

Le 22 juillet 1951, les Soviétiques choisissent deux chiens pour décoller dans une fusée et atteindre les cent kilomètres d'altitude. Les adorables Tsygan et Dezik survivent à cette folle aventure et deviennent ainsi les premiers mammifères à revenir d'un vol suborbital, c'est-à-dire d'un voyage qui les a menés à la frontière de l'espace. En septembre de la même année, Dezik repart pour une expérience similaire, il est accompagné cette fois-ci de la chienne Lisa mais le retour sur Terre se passe mal, le parachute ne s'ouvre pas et c'est le crash. Les deux animaux périssent dans l'accident. Par la suite, de nombreux chiens soviétiques participeront à d'autres opérations suborbitales comme les chiennes Albina et Tsyganka. La conquête spatiale va prendre une autre dimension à partir du 4 octobre 1957 et la mise en orbite du premier *Spoutnik*, satellite soviétique devenu légendaire. Prochain objectif, permettre aux êtres vivants de voyager dans l'espace en dépassant l'atmosphère terrestre. Comme toujours, pas question de risquer ou de sacrifier des vies humaines pour cette cause. Moscou remportera cette première étape avec les chiennes Laïka, Belka et Strelka.

Inoubliable Laïka

Pour leurs expériences spatiales, les Soviétiques ont capturé des chiens errants dans les rues de Moscou. Selon eux, ces animaux sont ceux qui résistent le mieux à un voyage en orbite car durant leur vie de chien des rues, ils ont enduré des conditions climatiques extrêmes et ont eu parfois des difficultés à trouver de la nourriture. Ces bâtards des villes sont aussi considérés moins capricieux et plus dégourdis que les chiens domestiques. Les Soviétiques s'intéressent davantage aux femelles qu'aux mâles pour une raison purement anatomique, les chiennes ne lèvent pas la patte pour uriner et peuvent donc être embarquées dans des espaces plus réduits. Parmi ces chiennes recueillies, une petite croisée d'environ trois ans pesant dans les six kilogrammes, calme et docile, retient l'attention des scientifiques. Baptisée Laïka, la chienne, comme tant d'autres avant elle, va subir une batterie de tests et participer à des expériences. Pour simuler les accélérations d'une fusée, Laïka est placée dans une centrifugeuse. Pour l'habituer à sa future capsule, elle est enfermée dans de petits espaces et coincée dans une sorte de boîte, des vibrations et des bruits assourdissants sont diffusés tout autour pour la préparer aux futurs sons lors du décollage et du passage de l'atmosphère. Les essais s'avèrent concluants, Laïka peut donc prendre place à bord de *Spoutnik 2* pour son premier voyage dans l'espace.

Le 31 octobre 1957, Laïka prend place dans sa petite niche spatiale pressurisée située à la base du satellite soviétique. Son corps est habillé d'une combinaison bardée d'électrodes et de capteurs en tout genre. Les Soviétiques ont donc inventé la première combinaison spatiale canine avec des petits trous pour les pattes et la tête. Laïka est une vraie « dogonaute » ! Le 3 novembre 1957, elle décolle de la planète Terre depuis la base de Baïkonour, propulsée par une fusée R7 Semiorka. Dans sa minuscule cabine, un système programmé diffuse du dioxygène et lui donne de la nourriture. Des appareils embarqués mesurent la température à bord, la pression atmosphérique, le niveau des ultraviolets et des rayons X du Soleil. Une caméra et un émetteur permettent de surveiller les réactions de Laïka. Les premières sensations se font vite sentir. Quand la fusée atteint la vitesse vertigineuse de vingt-huit mille huit cents kilomètres par heure, Laïka reçoit une pression énorme. À cela s'ajoutent les violentes vibrations et les vrombissements épouvantables.

Très stressée et en totale panique, la petite chienne a du mal à respirer et commence à haleter. Le cœur de Laïka s'emballe, son rythme cardiaque atteint deux cent quarante pulsations par minute au lieu des cent trois avant le décollage. Puis vient le passage de l'atmosphère terrestre et la mise en orbite. Dans la salle de contrôle, les Soviétiques se réjouissent, Laïka est toujours en vie quand elle atteint l'espace. Elle devient ainsi le premier être vivant de l'histoire à tourner autour de la Terre.

Laïka retrouve son calme seulement au bout de trois heures, avant qu'une avarie technique vienne bouleverser son voyage. Entre la quatrième et la cinquième heure, la température intérieure de la capsule atteint les 41 degrés. Laïka ne supporte pas cette chaleur suffocante, son corps est trop éprouvé et elle finit par mourir seule dans le cosmos après avoir fait neuf fois le tour de la Terre selon certaines estimations. En réalité, la vie de Laïka était déjà sacrifiée avant même l'accomplissement de la mission, car *Spoutnik 2* devait se consumer quoiqu'il arrive lors de son retour dans l'atmosphère, ce qui se passa le 14 avril 1958.

La version officielle soviétique fut pourtant bien différente. À l'issue de la mission, les autorités de Moscou saluent une réussite totale et reconnaissent le rôle remarquable de Laïka en précisant qu'elle fut présente et consciente durant toute l'opération. Selon la propagande, la chienne est décédée quelques instants avant le passage de l'atmosphère sans souffrir grâce à un poison présent dans un aliment. L'objectif de ce récit fictif est de rassurer et calmer l'opinion publique choquée par les informations divulguées juste après la mise en orbite du satellite. Certains médias révèlent que Laïka aurait eu des vivres et de l'oxygène seulement pour 10 jours alors que la mission était prévue pour plusieurs mois. Les défenseurs des animaux sont alors scandalisés quand ils comprennent ce que cette information signifie. Aucun retour de Laïka, vivante, n'avait été envisagé depuis le début. Mais les Soviétiques sont parvenus à cacher la vérité et à faire oublier cette triste fin en érigeant Laïka en héroïne. Des timbres à l'effigie de la chienne sont très vite édités, des affiches réalisées. À Moscou, la chienne est représentée sur le bas-relief du monument des Conquérants de l'espace et un autre lieu de mémoire lui est personnellement dédié. Source d'inspiration pour de nombreux artistes, icône de la suprématie soviétique, chienne sacrifiée, Laïka demeure une star de la conquête spatiale, à jamais parmi les étoiles.

Les exploits de Belka et Strelka

Deux ans et demi après Laïka, deux nouvelles chiennes sont choisies par les Soviétiques pour un voyage autour de la Terre. Mais cette fois-ci le défi est de les faire revenir en vie. Belka et Strelka prennent alors place à bord de *Spoutnik 5*. Pour ce nouveau vol orbital elles ne sont pas seules, elles sont accompagnées d'un lapin, de deux rats et de quarante souris. Le 19 août 1960, toute cette petite ménagerie spatiale décolle de Baïkonour. Les systèmes de mesure et de contrôle des réactions physiques des chiennes ont été perfectionnés. Dans les premières minutes et les premières heures, tout se passe bien, même si plusieurs indicateurs démontrent un certain stress, rien d'inquiétant, Belka et Strelka tiennent le coup et s'habituent même aux sensations de l'apesanteur. Mais au bout de la quatrième révolution, Belka se met à vomir et aboyer, elle semble excitée et angoissée pour des raisons inconnues. Qu'importe, il est impossible d'écourter le voyage. Après un peu plus de vingt-cinq heures, sept cent mille kilomètres parcourus et dix-sept tours de la Terre, *Spoutnik 5* est de retour. Quelle joie lors de l'ouverture de la capsule, Belka et Strelka sont saines et sauves. Les examens après la mission ne révèlent aucune séquelle. Les deux chiennes deviennent ainsi les deux premiers mammifères de l'histoire à avoir réalisé un voyage orbital et à en sortir vivant. Leur photo fait le tour du monde et la Une de magazines. Elles auront droit aussi à plusieurs timbres soviétiques, des cartes postales et des posters avec leur adorable petit minois. Les plus fidèles amis de l'homme lui ont ainsi ouvert la voie. Huit mois plus tard, le 12 avril 1961, le soviétique Youri Gagarine devient le premier être humain à effectuer un vol dans l'espace et une orbite autour de la Terre lors de la mission Vostok 1. L'histoire de Belka et Strelka ne s'arrête pas là, les deux chiennes vont aussi jouer les ambassadrices. Deux mois plus tard, le président américain Kennedy et le chef du gouvernement soviétique Khrouchtchev se rencontrent à Vienne les 3 et 4 juin 1961 pour un premier sommet conjoint. Lord du dîner, Jackie Kennedy aborde le sujet des chiens de l'espace. Le leader soviétique s'empresse d'expliquer qu'elles vont très bien et se réjouit de la nichée de Strelka, qui a mis au monde des chiots. Jackie Kennedy lui rétorque avec humour : « Envoyez-moi l'un d'entre eux ! » Quelques semaines plus tard, un des petits chiens de Strelka, en possession d'un passeport soviétique, est offert à la first Lady. Après une inspection du FBI, aucune inquiétude, il ne s'agit pas d'un « chiot espion ». Pushinka, c'est son joli nom, rejoint la famille Kennedy à la Maison-Blanche et s'entiche d'un chien américain prénommé Charlie. L'idylle canine américano-soviétique se solde par une jolie portée. Strelka peut se réjouir d'avoir une descendance aux États-Unis, au plus haut sommet de l'État. Peut-être Strelka a-t-elle permis aussi de briser un tant soit peu la glace de la guerre froide ?

Les chimpanzés de la NASA

Dans les années 1960, les chimpanzés sont les mammifères privilégiés par les Américains dans cette course à l'espace tout simplement parce qu'ils sont considérés comme les plus proches des humains. Les Américains tiennent ce postulat initial : si les chimpanzés survivent à un voyage spatial, les humains pourront prendre place à leur tour dans les fusées. C'est d'ailleurs l'ambition du programme baptisé Mercury qui débute en 1958, date de création de la prestigieuse agence spatiale américaine. La NASA va donc recruter une quarantaine de chimpanzés pour ses expériences et ses premiers vols spatiaux. Ces animaux sont d'abord achetés au Cameroun avant d'être affectés à la base d'Holloman au Nouveau-Mexique.

Ham, premier hominidé dans l'espace de retour sur Terre

Parmi ces premiers « Space Monkeys », le chimpanzé 65 bientôt surnommé Ham. Avant l'espace, il participe à de nombreux entraînements et tests obligatoires, notamment celui des voyants lumineux. Quand une couleur s'allume, le chimpanzé doit tirer sur un levier. S'il se trompe, une décharge électrique lui est envoyée dans le corps. L'idée est de mesurer les capacités de l'animal sur Terre avant de reproduire ce test en plein vol spatial pour savoir si les réflexes cognitifs sont affectés lors du voyage. Ham est sélectionné car ses résultats sont excellents et son humeur joviale. Le grand jour a lieu le 31 janvier 1961 à Cap Canaveral. Les caméras sont là pour immortaliser le moment. Ham est âgé de cinq ans quand il est installé dans une sorte de sarcophage de plexiglas, emmené dans l'ascenseur qui longe la fusée et placé dans sa capsule. De nombreux systèmes électroniques le relient à la salle de contrôle. 5, 4, 3, 2, 1... Et c'est le décollage. C'est parti pour un voyage bref, mais intense. Ham est propulsé à huit mille kilomètres par heure et atteint l'espace à deux cent cinquante kilomètres d'altitude. Le test des voyants lumineux est réalisé dans ce contexte improbable et Ham le réussit avec brio avant un retour sur Terre triomphant au beau milieu de l'océan Atlantique. Après avoir été repêché, le voilà entouré d'humains, Ham sourit devant les objectifs et semble apprécier la belle pomme qui lui est offerte. Après plusieurs examens médicaux, le célèbre chimpanzé est déclaré en pleine forme et même présenté à la presse du monde entier au centre d'essais de Cap Canaveral. Ham devient le premier hominidé de l'histoire à avoir atteint l'espace et à être revenu vivant. C'est une première grande victoire pour les États-Unis. Cela ne fait aucun doute pour les scientifiques et les officiers américains : un homme « aurait été parfaitement à son aise pendant ce voyage ». Mais les Américains se feront doubler de peu par les Soviétiques. Deux mois et demi plus tard, Youri Gagarine est le premier humain dans l'espace. Il faudra attendre le 5 mai 1961 et Alan Shepard, pour suivre les exploits du premier Américain dans l'espace. L'astronaute a pris une trajectoire de vol semblable à celle du chimpanzé Ham qui essuya admirablement les plâtres de la voute céleste. Ham finit sa vie dans un zoo de Caroline du Nord, où il s'éteint en 1983 à l'âge de vingt-six ans. Certains Terriens viennent lui rendre hommage sur sa tombe située non loin du musée de l'Histoire spatiale du Nouveau-Mexique, à Alamogordo.

Dans cette course folle de l'espace, le chimpanzé Enos a volé dans les pas de son congénère en effectuant un vol orbital le 29 novembre 1961, soit six mois et demi après le Soviétique Gagarine. Son histoire est en revanche bien triste car la machine électronique des tests de logique embarquée à bord de la capsule a mal fonctionné. Enos a reçu une trentaine de décharges électriques injustifiées d'affilée. Le brave chimpanzé est de retour vivant sur Terre mais il décède en novembre 1962 des suites d'une dysenterie. Enos a ouvert la voie à John Glenn qui réalisa le 20 février 1962, le premier vol d'un astronaute américain en orbite autour de la Terre.

Félicette, Martine et Pierrette, la ménagerie française de l'espace

Si la France ne participe pas à cette course à l'espace de la guerre froide, certains animaux vont tout de même quitter le plancher des vaches. Après le rat Hector, la plus célèbre des voyageuses est sans nul doute la chatte Félicette. Après des tests en centrifugeuses et une exposition à des simulations de bruits de réacteurs, Félicette prend place dans la fusée *Véronique* le 18 octobre 1963. Elle décolle depuis la base d'Hammaguir en Algérie pour une expérience spatiale à cent cinquante-sept kilomètres d'altitude. Félicette est propulsée à une vitesse 5 à 6 fois supérieure à celle du son. Que tout le monde se rassure, cette chatte noire et blanche est revenue vivante de cette virée spatiale. Selon les mesures scientifiques, elle serait restée calme et sereine tout le long du vol. Félicitations à Félicette qui réalise une première mondiale pour un chat et devient ainsi la première chatte astronaute du monde. Sa fin de vie est bien triste et se passe à l'abri des regards. Pour la recherche, Félicette est euthanasiée afin que son corps soit autopsié et les électrodes, implantées dans son cerveau, récupérées. Les données enregistrées durant le vol spatial révéleront des épisodes de somnolence, d'inhibition sensorielle, des réactions bien différentes à celles des humains. Félicette fut sacrifiée pour la science, elle est ainsi honorée à l'International Space University (ISU) de Strasbourg, où une statue la représentant est exposée.

Toujours côté français, c'est au tour de deux macaques femelles Martine et Pierrette d'aller faire une escapade dans l'espace en mars 1967, depuis la base d'Hammaguir. Martine est la première à prendre place dans la fusée-sonde *Vesta n° 4*. Le but de l'opération est de « tester la coordination musculaire,

le rythme cardiaque et respiratoire sous une gravité réduite »[57], l'activité cérébrale est également étudiée. Martine atteindra deux cent quarante kilomètres d'altitude pour un vol de neuf cent trente secondes. La guenon Pierrette lui succède quelques jours plus tard dans la *Vesta n° 5*. Toutes les deux sont rentrées saines et sauves de leurs missions. Les deux macaques Martine et Pierrette sont ainsi entrés dans l'histoire des expériences spatiales de la République française.

À l'échelle internationale tout va changer après le succès du programme américain Apollo. Le premier pas de l'homme sur la Lune le 21 juillet 1969 sera la grande victoire américaine. Une fois les êtres humains rassurés, hors de danger dans leurs ambitions de conquête spatiale, les animaux sont relégués au second plan. Par la suite, différentes espèces seront souvent embarquées pour des expériences scientifiques, mais ces voyages n'auront pas le même écho médiatique. Désormais, même si les animaux ne sont pas dans l'espace, ils demeurent bien utiles pour des expériences dans l'Univers. Entre 2013 et 2014, du sperme de souris, congelé et stocké pendant neuf mois à bord de l'ISS, la station spatiale internationale, a permis d'étudier les effets des radiations cosmiques émises par les éruptions solaires sur la fécondité. Les scientifiques se demandaient si l'A.D.N. des cellules de reproduction pouvait être endommagé durablement. Les échantillons de retour sur Terre ont été récupérés par des chercheurs japonais de l'université de Yamanashi pour réaliser des fécondations in vitro (FIV) sur des souris femelles. La naissance de plusieurs souriceaux en bonne santé a montré une régénération de l'A.D.N. après fertilisation. Selon les scientifiques, c'est une

57. Cartouche explicatif du service « Images défense » du catalogue des armées. « Lancement de la fusée-sonde *Vesta n° 4* avec à son bord la guenon Martine, à Hammaguir (Algérie) ».

bonne nouvelle pour les projets de colonies humaines dans l'espace. Si les êtres humains veulent coloniser d'autres planètes, les animaux seront-ils du voyage ? Des chiennes ou des chimpanzés sur Mars, est-ce pour demain ? Faut-il le souhaiter ?

Cobayes de l'espace pendant la guerre froide, les animaux seront aussi choisis durant cette même période pour être installés aux premières loges des essais nucléaires américains.

Opération Crossroads

Les bombes atomiques américaines larguées au Japon sur Hiroshima le 6 août 1945 et sur Nagasaki le 9 août 1945 ont tué deux cent dix mille civils lors de l'explosion et au moins cent mille personnes les mois suivants. Toutes ces victimes ont été exposées à de trop fortes doses de radiations. Les décennies suivantes seront marquées par la question omniprésente de l'armement et de la dissuasion nucléaire. La guerre froide entre Washington et Moscou va accélérer la création d'arsenaux nucléaires. Les animaux tiendront hélas un rôle de premier plan au cours d'une opération devenue tristement célèbre.

Dès 1946, place à l'opération Crossroads pour deux essais nucléaires dans l'atoll de Bikini, situé dans l'archipel des îles Marshall, au cœur du Pacifique. La première bombe baptisée *Able* explose le 1er juillet 1946 et la deuxième, *Baker*, le 25 juillet 1946. Cinq mille six cent soixante-quatre animaux sont en première ligne : deux cent quatre chèvres, deux cents cochons, deux cents souris, cinq mille rats et soixante cochons d'Inde[58] sont embarqués sur de vieux bateaux

58. Squassoni, Sharon, *Operation Crossroads : A deadly illusion*, Musée national de la Seconde Guerre mondiale, La Nouvelle-Orléans, 2021.

disposés dans l'atoll à différentes distances du point d'impact pour évaluer les conséquences directes de l'explosion nucléaire et les réactions à l'exposition aux radiations sur le court et long terme. L'idée, aussi terrible soit-elle, est pourtant bien de constater comment ces animaux meurent et brûlent. Tous ces animaux sont différemment protégés et équipés pour optimiser l'expérience et permettre une étude comparative. Par exemple, des animaux sont en partie tondus et des onguents, des sortes de crèmes, sont appliqués directement sur leur peau. L'autre côté du corps de l'animal est toujours recouvert de poils. Ainsi, les scientifiques vont pouvoir analyser les réactions sur un seul et même corps : partie tondue, partie avec du poil, peau à vif ou peau recouverte d'onguents. Enfin, en fonction des bateaux où ils sont embarqués et des traitements subis, les animaux ne recevront pas les mêmes doses de radiations. Ce protocole permettra d'évaluer les distances critiques par rapport au point d'impact et l'efficacité ou non des protections.

Au moment de l'explosion des bombes atomiques, 10 % des animaux sont morts sur le coup. Les autres, tous contaminés et irradiés, sont récupérés à bord du navire *USS Burleson* pour les premiers examens et l'observation de la dégradation de leur santé. L'évolution dans le temps des tissus des animaux, de leur peau, de l'intérieur de leurs corps est scrutée. L'immense majorité des animaux décédera les jours ou les semaines qui suivent l'essai nucléaire.

Au total, entre 1946 et 1958, soixante-sept tirs nucléaires ont eu lieu dans l'atoll de Bikini au détriment de la vie de ces animaux et des habitants déplacés et exposés aux radiations. Sur l'ensemble de la période, ces essais nucléaires ont généré une puissance totale équivalente à sept mille fois Hiroshima.

Rats, chèvres et lapins, victimes des essais nucléaires français

Des animaux ont aussi été irradiés lors des expériences menées à Reggane dans le Sahara algérien avec les trois premières explosions de la bombe atomique française entre février et décembre 1960. Ce sont les fameuses opérations Gerboise bleue, Gerboise blanche et Gerboise rouge. Ironie de l'histoire, la gerboise est un rongeur. L'expérience la plus aboutie et les observations les plus conséquentes sont réalisées au cours du troisième essai nucléaire. La direction centrale des services de santé des armées organise en janvier 1961 une conférence de presse au Centre d'instruction du service vétérinaire des armées à Compiègne, pour révéler le protocole de ces expériences menées sur deux mille cinq cents rats, une soixante de chèvres et quelques lapins. Par exemple, des dosimètres, appareils de mesure des radiations, sont disposés aux côtés d'animaux directement exposés à l'explosion de la bombe atomique ou installés dans des abris. Les animaux sont utilisés lors de ces explosions expérimentales pour connaître les conséquences de l'usage d'une arme nucléaire sur l'humain, combattant ou civil. L'objectif est d'évaluer les radiations absorbées par les animaux et les conséquences sur leur physiologie. Le 27 décembre 1960, date de la troisième explosion nucléaire dans le désert algérien, des dispositifs de protection sont testés sur les animaux. Des substances au contenu confidentiel appelées « complexantes »[59] sont injectées à des rats et à des chèvres plusieurs heures avant l'essai nucléaire. Des animaux sont placés en état d'hibernation quand d'autres sont vaccinés. Les conséquences des rayons

59. Vichney, Nicolas, « Les animaux soumis aux radiations de la bombe atomique de Reggane sont toujours en observation à Compiègne », *Le Monde*, 14 janvier 1961.

lumineux émis lors de l'explosion sur la vue intéressent aussi les autorités françaises. Pour observer si des lésions rétiniennes apparaissent, une population de lapins est confrontée au flash lumineux éblouissant et aveuglant sans protection et un autre groupe est exposé au blast au travers de certains types de verres.

À la suite de toutes ces expériences, les animaux survivants sont en observation à Compiègne, des examens sanguins approfondis sont réalisés, des organes prélevés ; des chèvres subissent des greffes de moelle osseuse. À la mi-janvier 1961, cinq mille examens et trois mille prélèvements ont été opérés[60]. En plus de ces êtres vivants directement exposés, il ne faut pas oublier pour autant les humains, militaires ou civils qui étaient sur place au moment des faits ou qui vivent dans un environnement toujours contaminé des décennies plus tard[61].

Des singes et des sangliers envoyés à Fukushima

Cinquante ans après les premiers essais nucléaires français et soixante-cinq ans après l'opération Crossroads, survient la catastrophe nucléaire de Fukushima. Le 11 mars 2011, des suites d'un tsunami, la centrale nucléaire située sur le littoral nord-est du Japon est en partie submergée. Par des réactions en chaîne, des fusions nucléaires et des explosions d'hydrogène ont lieu, provoquant une émanation de matières radioactives. Des évacuations sont ordonnées et une zone d'exclusion

60. *Ibidem.*
61. Rappelons ici la loi Morin du 5 janvier 2010. Elle prévoit une « procédure d'indemnisation pour les personnes atteintes de maladies résultant d'une exposition aux rayonnements des essais nucléaires français réalisés dans le Sahara algérien et en Polynésie française entre les années 1960 et 1998. » Concernant le Sahara algérien, certains dénoncent le manque d'études comparatives pré- et post- essai nucléaire sur le long terme.

décrétée. Au début de l'année 2012, des chercheurs de l'université de Fukushima ont équipé des sangliers et des singes de dosimètres, GPS et compteurs Geiger pour mesurer la radioactivité. Ces animaux ont été envoyés dans la zone d'exclusion irradiée pour transmettre des informations capitales, connaître l'impact et le niveau des radiations sur la faune, la flore et dans les forêts qui recouvrent 71 % du territoire. Les animaux ont été lancés en éclaireur dans des zones irradiées, et sont même à l'origine d'un des médicaments les plus efficaces pour sauver la vie des êtres humains menacée par les virus : la vaccination.

Et la vache donna le vaccin

En ce XXIe siècle, entre 2020 et 2022, les mots vaccination et vaccin mais aussi les expressions pass vacinal et anti-vaccin ont été omniprésents dans nos vies et dans le débat public. Différents pays et laboratoires pharmaceutiques se sont lancés pour trouver et fabriquer à tout prix et vite un vaccin contre le coronavirus SARS-CoV-2 afin d'empêcher la contamination et le développement de la maladie Covid-19. Mais savons-nous d'où provient le mot vaccin et quand il est apparu ?

À la fin du XVIIIe siècle, de l'autre côté de la Manche, certaines vaches anglaises sont atteintes d'une forme de variole appelée *variola vaccina*, « la variole de la vache » ou encore « la vaccine ». C'est une maladie bénigne pour les vaches, rien de grave comparée à la variole qui touche les humains. En revanche, le médecin de campagne Edward Jenner remarque un point important. Les fermiers anglais au contact des vaches présentent une résistance aux épidémies humaines de variole. Son hypothèse est la suivante : les paysans doivent être immunisés après avoir contracté la vaccine, transmissible à l'homme.

En 1776, pour valider son idée, il prélève du pus d'une fermière contaminée par la vaccine lors de la traite et l'inocule à James Philipps, un petit garçon de huit ans. Comme pour les fermiers, ce virus incommode l'enfant le temps d'une seule journée. Quelques semaines plus tard, il inocule cette fois-ci la variole à James. Les jours passent et le garçon ne développe aucun symptôme. Quelle circonstance exceptionnelle, la maladie animale était proche de la maladie humaine et un agent présent dans la vaccine a provoqué une protection chez l'homme ! La vache et sa vaccine donnèrent ainsi le mot « vaccination », procédé d'immunisation par inoculation de l'infection. Le célèbre Louis Pasteur va poursuivre ses recherches dans cette voie notamment avec le virus de la rage. Il réalise des expériences avec des chiens et des moelles de lapin en essayant d'atténuer la virulence de la rage. En 1885, Joseph Meister, jeune garçon mordu quatorze fois par un chien enragé, sera le premier être humain vacciné contre la rage.

L'expérimentation animale en débat

Les premières expériences conduites sur des animaux remontent à l'Antiquité et prennent la forme de dissections. Ce sont avant tout des observations et non pas des expérimentations dans le sens moderne du terme. Dans la Grèce antique, au ve siècle av. J.-C., le philosophe Anaxagore de Clazomènes est l'un des premiers à s'intéresser à l'anatomie des animaux. Quelques décennies plus tard et le siècle suivant, le médecin grec Hippocrate et le philosophe grec Aristote réalisent aussi des dissections sur des animaux morts et des vivisections sur des animaux vivants. Au IIIe siècle av. J.-C., l'École médicale d'Alexandrie sera particulièrement renommée pour ces pratiques. Les travaux de dissection sur des chiens, des porcs, des singes et des chèvres du médecin grec Claude Galien (Pergame, vers 129-Rome, 201), sont aussi considérés comme des références. L'expérimentation animale comme nous l'entendons de nos jours, apparaît au XIXe siècle avec le médecin et physiologiste Claude Bernard (1813-1878). Son idée est de pratiquer toutes sortes d'expériences sur des animaux morts et surtout vivants pour servir la médecine humaine. Il justifie ses pratiques dans son ouvrage *Introduction à l'étude de la médecine expérimentale* publiée en 1865. « A-t-on le droit de faire des expériences et des vivisections sur les animaux ? Quant à moi, je pense qu'on a ce droit d'une manière entière et absolue. Il serait bien étrange, en effet, qu'on reconnût que l'homme a le droit de se servir des animaux pour tous les usages de la vie, pour ses services domestiques, pour son alimentation, et qu'on lui défendit de s'en servir pour s'instruire dans une des sciences les plus utiles à l'humanité. Il n'y a pas à hésiter, la science de la vie ne peut se constituer que par des expériences, et l'on ne peut sauver de la mort des êtres vivants qu'après en avoir sacrifié d'autres. »[62]

Tout au long du XXe siècle et toujours de nos jours, les animaux de laboratoire ont contribué à de nombreuses découvertes scientifiques et médicales au profit des êtres humains. En 1920, le chien a permis de mettre au point un traitement contre le diabète à base d'insuline. Dix ans plus tard, des expériences sur des rats de laboratoire mettent au jour les effets de l'anesthésie. En 1940, des essais sur les souris révèlent l'efficacité de la pénicilline comme antibiotique. Plus surprenant, la création des prothèses de hanche a été possible grâce à des études menées sur la brebis dans les années 1950. Les premiers effets de molécules antidépresseurs sont testés dans le cerveau des rats en 1960. Et même l'inhalateur pour l'asthme

62. BERNARD, Claude, *Introduction à l'étude de la médecine expérimentale*, Paris, J.-B. Baillière et fils, 1865, p. 177-178.

a été mis au point en 1970 à la suite des expérimentations sur le cochon d'Inde. En 1980, les porcs sont les premiers à subir une IRM, une imagerie par résonance magnétique. Dans les années 1990 et 2000, des traitements antirétroviraux contre le VIH sont découverts à partir de recherches sur le singe. Au début du XXIe siècle, un vaccin contre le cancer cervical, situé au niveau du col de l'utérus, est mis au point sur des lapines. De plus en plus de chercheurs s'intéressent également aux cellules et aux tissus d'animaux pour régénérer des parties du corps humain. Admiré dans les aquariums, le poisson-zèbre aurait des facultés exceptionnelles. Selon une étude menée par un centre de recherche berlinois, ce poisson peut faire repousser jusqu'à 20 % de son cœur endommagé. Un espoir pour lutter contre les maladies cardiaques humaines à partir de cellules proches de celles du poisson-zèbre. L'été 2022, la nouvelle fait le tour du monde : le porc pourrait rendre la vue à l'humain. Des chercheurs d'une université suédoise ont peut-être trouvé la solution miracle pour pallier la pénurie de greffons de cornée humaine. Ils ont créé un implant à base de protéines de cellules de peau de cochon. Vingt patients aveugles ou atteints d'une dégénérescence visuelle ont tous retrouvé la vue.

Selon Ivan Balansard, scientifique et vétérinaire au CNRS, 90 % des prix Nobel de médecine ont été décernés à des scientifiques ayant eu recours à des animaux. Par exemple, des expériences menées sur des moutons ont permis de comprendre la tuberculose. Pour ses recherches sur cette maladie, l'Allemand Robert Koch a obtenu le prix Nobel de médecine en 1905. Encore tout récemment, dès 2020, quand le monde entier espérait un traitement contre le coronavirus SARS-CoV-2, à l'origine de la plus grande pandémie planétaire un siècle après la grippe espagnole, des primates ont reçu des doses expérimentales de vaccins contre le Covid-19.

Ironie de l'histoire, la thèse la plus répandue sur l'origine du coronavirus implique un animal : la chauve-souris. Les animaux peuvent être de redoutables vecteurs de virus. Toujours est-il que ces expériences sur les animaux en vue d'un vaccin ont été critiquées par l'association de défense des droits des animaux One Voice. Selon elle, les laboratoires pharmaceutiques auraient pu s'en passer et laisser les primates tranquilles.

De nombreuses expériences scientifiques ont donc été réalisées sur des animaux et des découvertes rendues possibles grâce à elles. Mais l'expérimentation animale ne fait pas l'unanimité. En 1990 est fondée l'ECEAE, European coalition to end animal experiments (la coalition européenne pour la fin des expérimentations animales). Elle regroupe dix-sept organisations et associations. Consciente des enjeux éthiques et de la considération croissante de la société vis-à-vis de cette question, l'Union européenne s'est emparée du sujet. Le respect du bien-être animal figure dans l'article 13 du traité sur le fonctionnement de l'Union européenne. La directive 2010/63/UE relative à la protection des animaux utilisés à des fins scientifiques du 22 septembre 2010 se traduit par la règle dite des « 3R », remplacer, réduire, raffiner. Remplacer : ne pas avoir recours aux animaux si une autre méthode expérimentale est possible pour une finalité identique. Réduire : employer le plus faible nombre d'animaux possible. Raffiner : créer les meilleures conditions de vie, d'hébergement et de bien-être pour les animaux de laboratoire, établir des protocoles et des traitements qui ne déclenchent ni souffrance, ni détresse. Cette directive a permis de connaître le nombre d'animaux utilisés à des fins scientifiques en France. En 2021, le nombre d'animaux utilisés à des fins scientifiques en France s'élève à environ un million neuf cent mille, contre environ un million six cent cinquante mille en 2020. Cette augmentation s'explique par la reprise de recherches suspendues pendant la crise sanitaire[63]. Les mammifères les plus répandus dans les laboratoires français sont d'abord les souris 60,7 %, puis les lapins 9,1 % et les rats 8,7 %[64]. D'autres animaux représentent entre 0 et 1 % du cheptel expérimental français à l'exemple des porcs, des chiens, des chats et de plusieurs espèces de singes. Si leur part est faible, leur nombre n'est pas négligeable, ces autres animaux sont plusieurs centaines voire plusieurs milliers. Hormis cet intérêt statistique, comment mesurer l'application de la directive européenne ? Des contrôles inopinés sont réalisés et en France le cadre réglementaire s'est renforcé avec la transposition de cette directive en droit français en février 2013. Tous les projets de recherches sur des animaux doivent être soumis à autorisation du ministère chargé de la Recherche. Des comités d'éthique en expérimentation animale ont la mission d'évaluer ces projets et d'émettre un avis préalable à toute validation. Des structures chargées du bien-être des animaux ont été créées dans « les établissements utilisant, et/ou élevant des animaux de laboratoire. »[65] Elles doivent veiller au respect du protocole de recherche autorisé par le ministère. En outre, des séminaires de formation sont organisés au sein des prestigieux instituts de recherche pour sensibiliser les chercheurs. Si la commission européenne et les autorités françaises se félicitent d'une évolution positive, la fondation de protection et de défense animale 30 millions

63. À titre de comparaison, 1 865 403 animaux étaient utilisés à des fins scientifiques en 2019 et 1 910 519 en 2018.
64. « Utilisation d'animaux à des fins scientifiques dans les établissements français, Enquête statistique 2021 », Direction générale de la recherche et de l'innovation, ministère de l'Enseignement supérieur et de la Recherche.
65. Site internet officiel « Réseau national SBEA », structures chargées du bien-être des animaux.

d'amis dénonce des lacunes : « Définitions pas assez explicites, dispositions trop peu contraignantes, possibilités de dérogations trop nombreuses »[66]. De nombreuses associations pour les droits des animaux restent mobilisées plus que jamais pour une interdiction définitive de l'expérimentation animale, certaines souhaitent l'« abolition de l'expérimentation animale ».

Des êtres humains au service des animaux

Ce revirement de considération a connu ses prémices dans les années 2000 avec une accélération dans les années 2010. Les actions menées par des associations emblématiques et la création du Parti animaliste sont à l'origine de cette forme de légitimation de la cause animale sur la place publique. En plus des fondations ou associations historiques comme la SPA, Société protectrice des animaux, la LPO, Ligue pour la protection des oiseaux, la fondation Brigitte Bardot ou la fondation 30 millions d'amis[67], des associations plus récentes à l'exemple de One Voice ou L214 éthique et animaux, sont devenues expertes en communication. L'association L214, par exemple, s'est fait connaître pour la diffusion de vidéos tournées clandestinement dans des abattoirs. Elle ne se contente pas de rendre public ses films : l'association porte plainte régulièrement, notamment pour « actes de cruauté ». Des poursuites judiciaires sont souvent enclenchées et débouchent parfois sur un procès.

66. Fondation 30 millions d'amis, « Législation sur l'expérimentation animale : lacunes et perspectives », 9 mars 2020.

67. La SPA, Société protectrice des animaux, est la première association de protection animale en France fondée en décembre 1845. La Ligue française pour la protection des oiseaux, future LPO, est créée en 1912. En 1982 est fondée l'ADAC, l'Association de défense des animaux de compagnie, devenue en 1995 la fondation 30 millions d'amis. La fondation Brigitte Bardot voit le jour en 1986.

Au-delà des actions militantes qui investissent la sphère médiatique et juridique, la cause animale a rejoint récemment l'arène politique. En réflexion dès 2014, le Parti animaliste est fondé en 2016. Son résultat aux élections européennes de 2019 surprend tous les observateurs. Il recueille 2,16 % des suffrages exprimés, soit près de cinq cent mille voix. En vue de l'élection présidentielle de 2022, une candidate du Parti animaliste espère briguer l'Élysée pour la première fois. Mais l'avocate Hélène Thouy ne parvient pas à obtenir les cinq cents parrainages. Tous ces engagements politiques et associatifs ont eu des conséquences sur des prises de position au plus haut sommet de l'État et même dans la législation française en faveur de la protection des animaux. En un peu plus de deux siècles, d'une « chose inanimée », l'animal sera reconnu comme « un être sensible ».

La première loi qui sanctionne les violences infligées aux animaux date de la Révolution française. Son but n'est pas de défendre l'animal en tant qu'être vivant à part entière, mais bien de protéger la propriété d'un citoyen. Si l'animal est la propriété d'un individu, il est ensuite défini comme une « chose inanimée », un « bien meuble » sous Napoléon dans l'article 528 du Code civil de 1804. Il faut attendre la moitié du XIXe siècle pour voir une évolution significative de la législation en faveur de la cause animale portée par de rares hommes politiques ou les premières « sociétés » pour la protection des animaux. Les Anglais sont précurseurs avec la création en 1824 de la Royal Society for the Prevention of Cruelty to Animals (RSPCA). En 1840, le préfet de police de Paris, Gabriel Delessert, interdit aux cochers qui circulent dans la capitale de maltraiter leurs chevaux. Il leur est, par exemple, interdit de frapper leur cheval avec le manche de leur fouet. Les chevaux sont indispensables lors des guerres, dans les mines, les fermes et sur divers chantiers. Le cheval est ainsi le premier animal à avoir suscité l'attention de l'homme au point de veiller à sa protection. Dans ce contexte historique, la Société protectrice des animaux (SPA) est fondée le 2 décembre 1845 par le médecin Étienne Pariset et des intellectuels qui partagent ses idées. Cinq ans plus tard, la première loi de protection animale est votée sous la IIe République, le 2 juillet 1850. C'est la « loi Grammont » en référence au député Jacques-Philippe Delmas de Grammont. Cet officier de cavalerie et général fut particulièrement choqué par le sort réservé aux chevaux de guerre et par la maltraitance animale de plus en plus présente dans les rues de Paris. Cette loi ne sera qu'une avancée relative. Seuls les sévices réalisés en public sur les animaux domestiques sont sanctionnés. L'adoption de cette loi à l'Assemblée nationale législative ne se fut pas sans mal. Les opposants accueillent Grammont en mimant et en imitant des cris d'animaux. Grammont est aussi régulièrement moqué ou caricaturé dans plusieurs journaux. Si l'engagement de Grammont est tourné en dérision par certains, il n'en sera pas pour autant altéré, il fonde en 1850 la Ligue française pour la protection du cheval (LFPC). Il faut attendre plus d'un siècle et le décret du 7 septembre 1959 pour voir la loi Grammont modifiée en faveur de tous les animaux. Les mauvais traitements infligés dans un lieu public comme privé sont désormais condamnés et les associations peuvent recueillir l'animal maltraité.

Un tournant a lieu quatre ans plus tard avec une nouvelle loi, celle du 12 novembre 1963. Elle crée le délit d'« acte de cruauté » commis en public ou non. Cette nouvelle réglementation concerne les animaux domestiques, apprivoisés ou tenus en captivité. Les auteurs encourent des peines correctionnelles beaucoup plus importantes. L'autre loi qui marque l'histoire de la protection animale est celle du 10 juillet 1976, relative à la protection de la nature. L'animal est considéré pour la première fois comme un « être sensible ». La reconnaissance de la sensibilité de l'animal aura des conséquences sur la réglementation du transport des animaux ou sur les expériences scientifiques effectuées en laboratoire. Enfin, les animaux sauvages, oubliés depuis plus de cent cinquante ans, sont enfin pris en compte dans la législation française. Cette loi acte la création de la notion d'espèces protégées.

La dernière date clé dans l'histoire des droits des animaux en France est celle du 16 février 2015, une nouvelle loi déterminante est votée. Le Code civil, dans l'article 515-14, reconnaît enfin les animaux comme des « êtres vivants doués de sensibilité ». Désormais, les animaux partagent la même catégorie juridique que les humains, celle des « êtres vivants et sensibles ». En revanche, leur statut reste différent, les animaux sont subsidiairement soumis à celui des biens. La prochaine étape pour les défenseurs de la cause animale est la reconnaissance de la personnalité juridique des animaux.

La décennie 2020 s'ouvre avec la loi « visant à lutter contre la maltraitance animale et conforter le lien entre les animaux et les hommes » promulguée le 30 novembre 2021. La vente de chiens et de chats en animalerie sera interdite à partir de 2024, tout comme les offres de cession sur internet d'animaux de compagnie sauf dérogation sous conditions. Des sanctions renforcées pourront être prononcées en cas d'abandon dans certaines circonstances, d'enregistrement et de diffusion sur internet de sévices graves. Cette loi met fin aux élevages de visons d'Amérique et d'autres espèces sauvages pour leur fourrure. Un autre volet très important concerne les divertissements. Depuis 2023, les animaux sauvages ne peuvent plus être présents sur les plateaux de télévision. Les spectacles de dauphins et d'orques seront interdits à partir de 2026, la présence d'animaux sauvages dans les cirques itinérants d'ici 2028. L'acquisition ou la reproduction de ces animaux sauvages est prohibée depuis 2023. Ces avancées sont réelles mais des députés de l'opposition et des associations regrettent l'absence de mesures sur l'élevage intensif et l'autorisation toujours accordée de pratiquer la chasse à courre. Le combat pour la défense de la cause animale et des droits des animaux continue sur le terrain, dans les cabinets d'avocats et les tribunaux.

Au Moyen-Âge, des cochons, vaches et différents animaux furent poursuivis, condamnés ou exorcisés. L'affaire la plus célèbre est certainement celle de la truie de Falaise en Normandie. En 1386, elle aurait fait tomber un nouveau-né dans les rues de la ville avant de commencer à le dévorer. La truie est traduite en justice, son procès dure neuf jours. Jugée coupable, elle fut condamnée à mort. Six cents ans plus tard, les animaux ont quitté les bancs des accusés et les tribunaux. Les êtres humains qui s'en prennent à eux les ont remplacés.

Les animaux et les puissants

Les premières images qui viennent à l'esprit quand on pense au rapport entre les souverains et les animaux, sont celles du chasseur et de sa proie. La chasse, pratique ancestrale de l'être humain pour se nourrir, devient le loisir favori de nombreux rois et empereurs à partir du Moyen Âge. Dans la France médiévale, le droit de chasse est même réservé à la noblesse par une ordonnance royale de 1396 avant de s'étendre aux propriétaires et à la bourgeoisie à partir de la Révolution française. Cerfs, chevreuils, sangliers sont chassés par le roi et ses équipages composés d'autres hommes et d'autres animaux. Chevaux et chiens sont sélectionnés, élevés, soignés, entraînés pour chasser et « permettre au roi de vivre les chasses les plus belles possibles »[68]. La chasse à « cor et à cri », pour le son du cor et le cri des chiens, appelée aussi chasse à courre ou vénerie a pour but de pourchasser un gibier avec une meute de chiens. François 1er, surnommé le « père des veneurs » rédige un édit en 1526 pour réglementer cette pratique et l'érige ainsi en art de vivre. Louis XVI, dernier roi de France de la monarchie absolue, se passionne pour cette « activité violente, exigeante et technique, et pourtant non dénuée d'une élégance et de rituels que les

68. PINOTEAU, Henri, *Les Chasses royales sous Louis XVI et leur sort durant la Révolution : splendeur et ruine du monde des plaisirs de Sa Majesté (1774-1799)*, thèse soutenue en 2015, École nationale des chartes.

rois pousseront jusqu'au raffinement »[69]. En ce XXIe siècle, si la royauté n'est plus, la chasse à courre est toujours pratiquée en France au grand dam des associations de défense de la cause animale.

Sous l'Ancien Régime, si les animaux sauvages sont chassés dans des conditions cruelles et exhibés comme des trophées de chasse pour le bon plaisir des rois, pour représenter leur force, leur privilège et leur supériorité sur leurs sujets et la nature, d'autres animaux sont aussi utilisés, offerts et enfermés pour servir l'image du souverain et les relations entre puissants. Dès l'Antiquité jusqu'au XIXe siècle, les animaux sont aussi des cadeaux diplomatiques. La possession d'animaux féroces ou exotiques est le symbole d'alliances scellées, l'emblème de victoires sur des contrées lointaines. Cette monstration au bénéfice de la magnificence du souverain impose la captivité des animaux. Même si l'animal est protégé, alimenté, voire choyé, il est hors de son milieu naturel d'origine. Tous les artifices déployés pour conserver l'animal aux côtés des monarques, des empereurs et de leurs cours itinérantes ou sédentaires ne sont rien d'autre que l'expression de la domination de l'être humain sur l'animal.

Le trophée des souverains

L'éléphant Abul-Abbas est le premier animal exotique entré dans l'histoire des cadeaux diplomatiques. Le pachyderme est offert à Charlemagne par le calife de Bagdad Haroun al-Rachid et devient l'emblème de l'alliance scellée entre les deux souverains. L'éléphant aurait rejoint la ménagerie de l'empereur carolingien autour de l'an 800, probablement en 804 au moment où les deux hommes, l'un chrétien et l'autre musulman, envoient des délégations d'ambassadeurs

69. *Ibidem.*

pour créer une alliance. Ces échanges ont lieu entre 797 et 809. Charlemagne, roi des Francs puis empereur à partir de l'an 800, règne sur les vastes mondes franc et germanique ; le pouvoir d'Haroun al-Rachid s'étend du Maghreb à l'Inde. Les souverains ont deux ennemis en commun : Byzance, qui ne reconnaît pas le titre d'empereur à Charlemagne, et l'émirat de Cordoue en Espagne qui conteste la légitimité d'Haroun al-Rachid et la dynastie abbasside à la tête du califat. L'émirat de Cordoue représente aussi une menace pour le sud de l'empire de Charlemagne.

Ainsi, l'éléphant Abul-Abbas devient le symbole de l'entente entre les deux hommes et sera aux côtés de Charlemagne à Aix-la-Chapelle mais aussi au cours des campagnes militaires suscitant une certaine fascination et l'admiration de toutes celles et ceux qui le rencontrent ou l'aperçoivent. Abul-Abbas serait mort en 810 après s'être baigné dans les eaux froides du Rhin. Le célèbre éléphant n'a jamais cessé de fasciner de nombreux artistes et intellectuels. L'un des premiers éléphants identifiés et représentés de son vivant en Europe est aussi un cadeau diplomatique. Il n'a pas de prénom, mais il est toujours référencé comme l'éléphant du roi Louis IX, le célèbre Saint Louis. Rapporté de croisade en 1254, cet éléphant a été offert par le sultan d'Égypte à Louis IX qui en a fait don à son beau-frère Henri III, roi d'Angleterre. Symbole d'intelligence, de force et de sagesse, l'œuvre baptisée « l'éléphant de Louis IX » est datée de 1256, elle fut réalisée par le moine bénédictin anglais Matthieu Paris et apparaît dans son manuscrit *Chronica Majora*.

La ménagerie royale

Au fil des siècles, de nombreux animaux et plus particulièrement les animaux exotiques seront présents dans les lieux de résidence des rois de France. De grands seigneurs, princes et princesses sont aussi attachés à posséder des animaux rares. Les échanges avec l'Orient et l'Asie à l'époque médiévale, puis la navigation, les grandes expéditions et la découverte du Nouveau Monde à partir de la fin du XVe siècle accroissent cet intérêt pour les animaux exotiques. Les singes, les fauves, les perroquets, les paons remportent un succès certain. Tous ces animaux fascinent particulièrement François 1er. Un lion apprivoisé lui aurait été offert par le grand sultan Soliman le Magnifique, un ours et des autruches par le corsaire Barberousse, le roi de la Renaissance aurait même reçu deux phoques de Marie de Hongrie.

Sous le règne de Louis XIV, l'édification de la ménagerie royale du château de Versailles commence à partir de 1663 à l'extrémité sud du Grand Canal. Cette ménagerie réalisée par l'architecte Louis Le Vau est le premier grand chantier de Versailles après l'édification du château. C'est la preuve de toute l'importance accordée aux animaux dans la cour des rois de France. Autruches, mangoustes, gazelles, flamants, poules sultanes, casoars d'Indonésie, pélicans, différents volatiles, castors du Canada, félins et beaucoup d'autres animaux peuplent cette grandiose ménagerie royale. L'étendue des colonies de Louis XIV permet d'accroître la diversité et le nombre d'animaux. Des animaux exotiques sont régulièrement offerts au Roi-Soleil, une tigresse est donnée par le sultan du Maroc en 1682 et un éléphant par Pierre du Portugal en 1668. Chirurgiens, taxidermistes, scientifiques, artistes, zoologistes viennent visiter ce lieu à la fois esthétique et passionnant. La ménagerie est composée d'un pavillon central octogonal, surmonté d'un dôme avec à l'intérieur des corridors, salons et cabinets souvent décorés de peintures représentant des animaux. Un balcon et des ouvertures permettent d'observer les animaux parqués dans des enclos et des cours grillagées. La ménagerie royale peut être considérée comme le premier parc zoologique de France.

Ce lieu de découverte, d'émerveillement et d'étude des animaux est aussi synonyme d'enfermement et de privation de liberté pour tous ces êtres vivants. La pensée cartésienne du XVIIe siècle a favorisé la captivité des animaux et la création de ce type d'espaces. Nicolas Malebranche avait écrit à propos des animaux : « Ils mangent sans plaisir, ils crient sans douleur, ils croissent sans le savoir, ils ne désirent rien, ils ne craignent rien. »[70] Ainsi naît et se répand au fil des siècles cette idée cartésienne de « l'animal-machine » qui peut, si l'on n'y regarde pas de trop près, justifier que les animaux soient utilisés et maltraités à la guise des êtres humains, sans aucune culpabilité[71]. Il faudra attendre les années 1760 en France pour voir cette pensée réfutée. Charles-Georges Leroy, garde-chasse des parcs de Versailles et de Marly, lettré et proche de certains philosophes des Lumières, observait la vie des animaux dans leur environnement. Il rédige et publie anonymement des articles où il plaide pour une forme d'intelligence animale dans la *Gazette littéraire de l'Europe*. Puis il étaye ses réflexions dans ses *Lettres sur les animaux* réunies dans un ouvrage édité pour la première fois en 1768 et republié en 1781 et 1802.

Les observations et les conclusions de Charles-Georges Leroy peuvent être considérées comme les prémices de l'éthologie, science qui étudie les comportements des animaux, y compris celui des humains, dans les environnements et les milieux où ils évoluent. Il constate que les animaux peuvent progresser dans leur éducation et apprendre de leurs expériences dans leur milieu naturel, seuls ou avec leurs congénères.

---

70. MILOVANOVIC, Nicolas, « Favoris de tout poil », in *Les carnets de Versailles*, novembre 2021-mars 2022, p. 5-8.
71. DESCARTES, René, *Discours de la méthode*, présenté et traduit par Paul Clavier et Denis Moreau, édition bilingue, Dunod Poche, 2023. Dans ce texte, les auteurs clarifient la position de Descartes sur la question animale.

De ce fait, il écrit : « il est impossible [...] de ne pas rejeter bien loin toute idée d'automatisme »[72]. Malgré cette contestation de la pensée cartésienne et la diffusion de cette nouvelle pensée, l'idée de la bêtise et de l'instinct animal reste ancrée dans de nombreux esprits. Cette vision cartésienne de l'animal sera bien pratique pour justifier leur participation contrainte et forcée aux activités humaines des XIXe, XXe et XXIe siècles marqués par l'ère industrielle et la consommation de masse.

Revenons au XVIIIe siècle et au sort des animaux parqués dans le domaine du château de Versailles. La ménagerie royale est démolie en partie à la Révolution française, il n'existe plus aucune trace de ce lieu de nos jours. Durant la Révolution, certains animaux s'échappent, d'autres sont tués ou mangés. Les quelques survivants sont transférés au Jardin des plantes où est créée une nouvelle ménagerie par décret de la Convention en 1794. À partir de 1798, des lions, des buffles, des ours, des chameaux, des éléphants et beaucoup d'autres animaux rapportés par les armées napoléoniennes viennent peupler la ménagerie. La pensionnaire la plus en vue au XIXe siècle est la girafe Zarafa, offerte au roi Charles X dans les années 1820 par le pacha d'Égypte Mehmet Ali. Zarafa est originaire du Soudan et débarque à Marseille. Son voyage de près de neuf cents kilomètres jusqu'à Paris s'apparente aux tournées des plus grandes vedettes. À chaque étape, la foule est toujours plus nombreuse pour venir admirer cet étonnant animal.

Les Françaises et les Français n'avaient pas vu de girafe depuis quatre siècles. Des produits dérivés à l'effigie de Zarafa fleurissent ici et là. La girafe est représentée sur des cravates, des mouchoirs, de la vaisselle. Zarafa arrive finalement à la ménagerie du Jardin des plantes en 1827. L'été de cette même

72. *Ibidem, p. 8*

année, six cent mille personnes se rendent dans ce lieu unique pour rencontrer la girafe star. Zarafa a vécu dans cet espace clos pendant dix-huit ans, avant de s'éteindre. En plus de divertir de nombreux visiteurs, les animaux de la ménagerie du Jardin des plantes vont sauver certains Parisiens de la famine. Lors du siège de Paris (septembre 1870-janvier 1871) par les Prussiens, plusieurs animaux sont tués pour nourrir la population affamée. La haute société dégustera pour Noël 1870 un festin inédit concocté par le chef Alexandre-Étienne Choron. Au menu : « chameau rôti à l'anglaise », « civet de kangourou », « terrine d'antilope aux truffes » et des « côtes d'ours rôties sauce poivrade ». Après avoir été les symboles du pouvoir, de la richesse et de la gloire des rois et des empereurs, les animaux régalent la bourgeoisie et soulagent le peuple à la veille de l'instauration d'une nouvelle République.

Les corgis de la reine

Au XXe siècle, la propagande et la communication deviennent omniprésentes. Les animaux de compagnie de certains dirigeants sont photographiés à leurs côtés. Ces animaux représentent un atout de communication efficace, ils créent ou renforcent le capital sympathie de celui ou celle qui gouverne. Qui n'a jamais entendu parler des fameux chiens corgis de la reine d'Angleterre ?

Quand la reine d'Angleterre s'est éteinte le 8 septembre 2022, de nombreux médias britanniques et internationaux se sont très vite inquiétés du sort réservé à ses plus fidèles compagnons. Dans les nombreuses biographies consacrées à la souveraine au plus long règne de l'histoire de la couronne britannique, les corgis sont rarement oubliés. Décrite comme froide, distante et peu sentimentale, Élisabeth II a tiré de ses chiens une image plus chaleureuse, amusante voire empathique. C'est pourquoi il n'était pas rare de voir la souveraine en photo avec ses chiens, images savamment orchestrées par les services de communication.

Les corgis, chiens gallois courts sur pattes, sont aussi célèbres que les joyaux de la couronne d'Angleterre. Le Welsh Corgi Pembroke, appelé communément corgi, a l'allure d'un petit renard, il est réputé pour être un excellent animal de compagnie. Dookie est le premier corgi de Lilibet, son père le roi Georges VI lui avait offert ce chien en 1933. C'est le coup de foudre immédiat entre la future reine âgée de sept ans et l'adorable corgi. Une trentaine de ces chiens accompagneront la reine Élisabeth II tout au long de sa vie. Elle aurait eu jusqu'à douze corgis en même temps. Certains sont présents lors d'événements importants comme en 1947. Une corgi prénommée Susan est aux côtés d'Élisabeth et du prince Philip lors de leur célèbre voyage de noces. La chienne Susan est à l'origine de la lignée royale des corgis après avoir donné naissance à deux chiots en 1949. Ces chiens seront toujours associés à la souveraine, les clichés officiels ou non d'Élisabeth avec un ou plusieurs corgis sont très fréquents. Dès l'enfance et l'adolescence, Élisabeth est photographiée avec ces chiens gallois comme dans Hyde Park à Londres où elle promène un corgi tenu en laisse.

Tout au long de son règne, Élisabeth II apparaît ou prend la pause avec ses corgis dans les jardins des châteaux de Windsor ou Balmoral, sur le tarmac de l'aéroport d'Aberdeen, à l'arrière d'une Rolls-Royce ou d'une Bentley, en marge d'une course hippique, sur un confortable sofa de Sandringham House ou encore en Une de *Vanity Fair* en 2016. Quand un corgi vient à quitter ce monde, il est enterré avec une attention particulière. Une stèle avec les dates de naissance et de décès est érigée. Un cimetière leur est dédié à Sandringham House. Sur la tombe de Sugar, corgi décédé en 1965, il est gravé ceci : « depuis plus de seize ans, fidèle compagnon de la reine ». Si les corgis ne sont jamais montés sur le trône, ils ont pu voler la vedette à la reine.

Pour les Jeux olympiques de Londres 2012, les corgis sont dans le casting du film promotionnel et partagent l'affiche avec James Bond, l'espion le plus fidèle de Sa Majesté. Les corgis sont aussi présents dans la série *The Crown* et leur succès devient planétaire. En 2022, pour le jubilé de platine de la reine, les chiens corgis inspirent artistes et fabricants de produits dérivés et sont représentés en marionnettes, sculptures, biscuits ou sur de la vaisselle. Des animations étonnantes sont organisées. Après une longue file d'attente, de nombreux Londoniens peuvent enfiler un manteau d'hermine et tenir un sceptre factice pour se faire photographier au marché couvert de Leadenhall avec des corgis assis sur un canapé fleuri. *So British !* Dans le centre de la capitale, dix-neuf statues de corgis réalisées par des artistes sont érigées à plusieurs endroits et lors de la grande parade de clôture des festivités, vingt marionnettes géantes inspirées des corgis font partie du défilé.

Les corgis de la reine sont devenus omniprésents et inspirent de nombreux sujets britanniques. Le nombre de corgis vivant dans des familles anglaises a même augmenté. « Quel merveilleux témoignage, pour ses soixante-dix ans sur le trône, de voir sa race bien-aimée connaître un regain de popularité » se réjouit Bill Lambert, porte-parole du Kennel Club, club d'éleveurs de chiens. Après le décès d'Élisabeth II, le 8 septembre 2022, de nombreux journaux et internautes s'interrogent sur le devenir des corgis de la reine jusqu'à cette photographie rassurante partagée sur le réseau social Instagram. Avant les obsèques d'Élisabeth II, la duchesse d'York, Sarah Ferguson, ex-femme du prince Andrew, prend une pause pleine de tendresse allongée

sur l'herbe avec Sandy et Muick, les deux derniers corgis tant aimés de la reine. Quelques jours plus tard, le 19 septembre, les deux chiens sont aperçus sur le perron du château de Windsor en train d'attendre patiemment le cortège funéraire et le cercueil de leur reine. En plus des corgis, Élisabeth II a toujours beaucoup aimé les animaux, Candy, une dorgi et Lissy, cocker anglais, ont partagé aussi la fin de sa vie. Les chevaux ont également tenu une place centrale dans la vie de la reine qui fut une cavalière passionnée et une éleveuse de chevaux reconnue dans le monde entier. Si le monde équestre réservé à une certaine élite est perçu comme un monde à part et fermé, ses chiens, fidèles compagnons affectueux et amusants, ont popularisé et humanisé la figure de la reine.

Churchill et les caniches à poils roux

Les chiens ont aussi joué un rôle important dans la vie du Premier ministre britannique Winston Churchill. Il a toujours été comparé à un bulldog anglais et même caricaturé en cet animal, mais son affection s'est portée sur les caniches à poil roux. Rufus est le premier chien de ce type à devenir le compagnon de Churchill. La vie de ce premier caniche est assez peu documentée. Le plus important est la période durant laquelle il est aux côtés de Churchill, à savoir la Seconde Guerre mondiale. Entre le Blitz marqué par les bombardements allemands sur plusieurs grandes villes d'Angleterre, les démêlés géopolitiques et stratégiques, les préparatifs du Débarquement et l'exécution des plans pour la Libération de l'Europe, Rufus a sans doute apaisé et amusé celui qui disait souffrir d'épisodes de dépression. Churchill comparait d'ailleurs ses troubles de santé mentale à un « black dog », un chien noir qui le suivait où l'habitait. Rufus, lui, était petit, roux, amical et ne le trahissait pas, de quoi le réconforter aux heures les plus sombres de la guerre et de son existence. Rufus décède brutalement en 1947, heurté par une voiture. Churchill n'est plus Premier ministre depuis 1945 mais chef de l'opposition conservatrice. Il aurait été dévasté à l'annonce de cette triste nouvelle. Quelques mois après la mort de son premier caniche il en reçoit un second baptisé Rufus II. Mais le nouveau caniche tombe très vite malade. Churchill craint le pire et révèle une grande sensibilité quand il écrit à Bella Lobban, directrice d'un chenil à Londres où séjourne Rufus II quand Churchill s'absente quelque temps : « Après la tristesse de la perte du premier, je crois que je préférerais ne pas avoir de nouveau caniche. S'il vous plaît, ne cherchez pas un autre caniche pour moi. » Finalement Rufus II survit et accompagnera Churchill tout au long de son second mandat de Premier ministre d'octobre 1951 à avril 1955 et même au-delà. Rufus II est très souvent photographié aux côtés de Churchill fumant un cigare, en promenade, assis sur la banquette d'une voiture. Rufus II est même parfois du voyage à Buckingham Palace, la résidence emblématique de la famille royale d'Angleterre. Rufus II jouait-il avec les corgis de la reine ? C'est un secret bien gardé au palais royal. Durant plusieurs années, Bella Lobban, la responsable du chenil londonien envoie ses bons vœux à Churchill pour son anniversaire et n'oublie jamais de joindre un cadeau pour Rufus II. Churchill est ravi et prend toujours le temps de lui répondre : « Chère madame Lobban, comme c'est gentil de votre part de vous souvenir de mon anniversaire et d'envoyer à Rufus un si beau manteau. Il sera très pratique pour lui quand il fera froid. Un grand merci. Bien sincèrement. Winston Churchill. »[73] Quelques histoires circulent à

73. Lettre du 2 décembre 1960.

propos du lien si particulier entre Rufus II et Churchill. Le caniche aurait eu parfois le droit de prendre ses repas dans la salle à manger aux mêmes heures que toute la famille. Alors qu'ils regardaient ensemble une scène du film Oliver Twist, Rufus aurait eu les yeux couverts par Churchill au moment où le personnage Bill Sikes noie un chien. La fin de vie de l'adorable caniche est plus douce que son prédécesseur. Rufus II décède dans son sommeil en août 1962, Churchill est une nouvelle fois très affecté. Le bureau de Londres de l'Agence France Presse (AFP) rédige même une dépêche pour annoncer la disparition du caniche. Celle-ci est relayée par le journal *Le Monde* du 18 août 1962. Les reporters évoquent leurs souvenirs avec le fidèle compagnon de Churchill : « Rufus, qui était âgé de quinze ans, était bien connu des journalistes qu'il mordait parfois. Vieil habitué de Downing Street, Rufus était de tous les déplacements du Premier ministre. Les journalistes qui attendaient l'apparition du vieil homme d'État voyaient d'abord arriver sa voiture, qui s'arrêtait devant le 10, Downing Street, puis des secrétaires portant des bagages ou des documents, un valet portant une couverture, et enfin Rufus, qui avait sa place réservée près du chauffeur, et qui précédait son maître comme un héraut annonce l'arrivée d'un grand personnage. » Si Rufus vient de quitter son compagnon Churchill, le chat Ginger, Gingembre en français, veille sur l'ancien premier ministre britannique convalescent dans sa résidence de Chartwell. Jusqu'à la mort de Churchill en 1965, plus aucun caniche ne partagera la vie de l'illustre homme d'État britannique surnommé le « Vieux lion », au caractère de bulldog. Comme quoi, il est toujours bien question d'« animal politique » quand les êtres humains tiennent une place particulière dans l'arène de la conquête du pouvoir et de la vie démocratique.

Les chats de Downing Street

Au 10, Downing Street, dans la résidence des Premiers ministres britanniques, les femmes et les hommes politiques défilent, les chefs de gouvernement passent, mais les chats restent. Cette tradition perdure depuis bientôt un siècle et remonte officiellement à 1929. Le point commun entre Peter, Peta ou encore Sybil et Humphrey, tous ces chats mâles ou femelles ont été un jour Chief Mouser to the Cabinet Office, « Souricier en chef du Cabinet », c'est-à-dire chasseurs de souris au 10, Downing Street. Dans leur noble mission, ces chats sont très souvent assistés par d'autres chats comme Nelson qui donne un coup de patte à Peter entre 1937 et 1943.

Tous ces félins sont adoptés dans un refuge avant de devenir fonctionnaires. Un budget pour la nourriture et les soins leur est même dédié. Ces chats n'appartiennent pas au chef du gouvernement mais à l'administration et à la résidence du 10, Downing Street. Ils sont ici chez eux ! Humphrey qui a servi de 1989 à 1997 a connu trois Premiers ministres : Margaret Thatcher, John Major et Tony Blair. Le chat Peter détient le record de longévité, dix-sept ans à dératiser la demeure et ses environs entre 1929 et 1946 pour les Premiers ministres Baldwin, MacDonald, Chamberlain, Churchill et Attlee. L'actuel Souricier en chef est Larry, en poste depuis 2011. Attention ce n'est pas un chat noir, même s'il ne semble pas avoir porté bonheur à David Cameron, Theresa May, Boris Johnson et Liz Truss.

En octobre 2022, Larry est devenu une star en Grande-Bretagne. Une vidéo nocturne a fait sensation, on voit Larry qui ne chasse pas les rats ou les souris, mais un renard. L'animal rusé et amaigri erre aux environs de la résidence des Premiers ministres quand Larry s'approche à pas de chats.

10

Le renard se terre dans un massif de fleurs et soudain Larry bondit et le pourchasse. Le renard parvient à s'échapper, tente de revenir, mais préfère s'éclipser face au comportement menaçant du chat. Une fois diffusée, la vidéo cumule très vite des millions de vues. « Larry the Cat » devient une icône. Malgré cette action courageuse, Larry n'a pas réussi à sauver la locataire Liz Truss qui démissionne quelques jours après cet exploit et signe le mandat le plus court de l'histoire du Royaume-Uni. Face aux difficultés que traversent le pays et les Premiers ministres qui se succèdent, Larry devrait peut-être s'entraîner à chasser les mauvaises nouvelles économiques et politiques si présentes au 10, Downing Street.

Les animaux des présidents français

Si les Anglais et les Français s'entendent souvent comme chien et chat, la reine d'Angleterre a peut-être décidé de renforcer nos liens en renouant avec la tradition des cadeaux diplomatiques. Le premier chien à se lier d'amitié avec un de nos présidents de la Ve République est un corgi britannique. Rasemotte est offert au général de Gaulle par la reine Élisabeth II mais il n'habitera jamais à l'Élysée. Rasemotte a toujours résidé dans la demeure de La Boisserie à Colombey-les-Deux-Églises. De Gaulle aimait lui donner à manger des biscuits anglais paraît-il. Là-bas, Rasemotte a pu côtoyer le chat d'Yvonne de Gaulle, Ringo de Balmalon, magnifique chartreux surnommé Gris-Gris, très apprécié aussi par le Général. André Malraux, grand amoureux des chats, a d'ailleurs raconté le lien étonnant entre ce félin et le général de Gaulle qui se réjouissait enfin de ne plus effrayer ces adorables créatures. Avant Gris-Gris, les chats semblaient apeurés par l'imposante silhouette et la voix de stentor du général. Mais avec Gris-Gris, c'est différent, il était souvent aux côtés du Général et le suivait lors de ses longues promenades. André Malraux se souvient « Quand je posais à de Gaulle une question à laquelle il n'avait pas envie de répondre, il disait : "Vous n'avez qu'à demander au chat" »[74]. L'attachement du Général envers les animaux est aussi raconté par son fils, Philippe de Gaulle. Dans un de ses ouvrages, il publie une photographie prise durant l'été 1964 à La Boisserie sur laquelle figure un mouton. La légende est très évocatrice : « Mon père a refusé que cette bête finisse dans nos assiettes. Elle deviendra un lot au cours d'une tombola villageoise. »[75] Les animaux s'invitent aussi dans certaines sorties mémorables du Général. « Les Français sont des veaux ! » aurait-il déclaré après l'armistice de 1940 ou le célèbre « on peut sauter sur sa chaise comme un cabri en disant l'Europe ! L'Europe ! L'Europe ! » lancé en décembre 1965 lors d'un entretien télévisé avec le journaliste Michel Droit.

Le premier chien des locataires de l'Élysée à habiter dans la résidence des présidents de la République est un certain Jupiter. Attention, ce n'est pas le fidèle compagnon d'Emmanuel Macron mais bien le labrador noir de Georges Pompidou. Jupiter lance ainsi la mode des labradors à l'Élysée. Les époux Pompidou sont toujours discrets à propos de Jupiter, resté à l'abri des objectifs. Certaines rumeurs disent que le labrador était autorisé à grimper sur le canapé avec le président et la Première dame de France, mais nous n'en saurons pas plus.

Les chiens ont toujours été très importants pour Valéry Giscard d'Estaing. Jugurtha, un braque de Weimar, est l'un

74. Malraux, André, « Allô, ici les chats de Malraux... », entretien accordé à Vernier-Palliez, Claudine, *in L'Express*, n° 1306, juillet 1976, p. 44-47.
75. De Gaulle, Philippe, *Mon père en images*, Paris, Michel Lafon, 2020, p. 185.

des plus célèbres. Le président ne lui aurait parlé qu'en anglais. En revanche, le chien n'était pas le bienvenu lors des grandes réceptions officielles car il avait tendance à mordiller par-derrière les invités. Ce magnifique chien élancé a eu pour compagnon de jeu Samba, un labrador noir rapporté d'un élevage de la reine d'Angleterre après une visite officielle en 1975. Samba se serait un jour enfui de l'Élysée, obligeant le président à lui courir après dans les rues de la capitale. Soucieux de transmettre une image de président moderne, Valéry Giscard d'Estaing n'hésite pas à poser avec ses chiens pour des magazines comme *Paris Match* et à apparaître dans l'émission de télévision emblématique *30 millions d'amis*. Seule ombre au tableau d'un président se voulant proche des animaux, VGE pratiquait la chasse au gibier en Europe et la chasse aux animaux sauvages en Afrique et notamment celle aux éléphants. Il a d'ailleurs expliqué sa passion pour la chasse dans un entretien au journal *Le Figaro*. « Le vrai plaisir est celui procuré par la nature. En Afrique, j'ai vu la planète telle qu'elle devait être depuis les origines. C'est vrai que le chasseur est dans une relation étrange avec les animaux : on ne tue plus pour la nourriture, l'industrie s'en charge désormais. Alors, quand un animal tombe, on éprouve une sensation de nostalgie, une émotion triste. Tous les chasseurs connaissent ce sentiment curieux. »[76] Ses parties de chasse en Afrique lui colleront à la peau, renvoyant une image péjorative d'un président pratiquant un loisir considéré comme déplacé et barbare.

Baltique est la chienne légendaire du palais de l'Élysée. Ce labrador noir fut aux côtés du président François Mitterrand durant ses deux septennats à partir de 1986. La relation entre le président et Baltique est même qualifiée de fusionnelle.

---

76. BOMMELAER, Claire, « Valéry Giscard d'Estaing : « la chasse est souvent une solitude » », *Le Figaro*, 3 novembre 2013.

De nombreuses photographies témoignent de ce lien entre l'animal et le chef de l'État, Baltique était le compagnon des longues balades tant appréciées et si importantes pour François Mitterrand. Le 11 janvier 1996, Baltique est présent sur le perron de l'église de Jarnac lors des obsèques du président. Ému par la présence du chien resté dehors car non autorisé à entrer dans l'église, le chanteur Renaud, grand admirateur de François Mitterrand, a écrit et composé une chanson intitulée *Baltique* en hommage à l'animal tant aimé du président. À Soustons dans les Landes, là où François Mitterrand avait une propriété, une statue en bronze représentant Baltique a été réalisée et inaugurée en 1996. Elle est placée à quelques pas de celle représentant le défunt président. Les autres animaux associés au président Mitterrand sont les ortolans. Ces oiseaux surtout chassés dans le Sud-Ouest sont considérés comme des mets raffinés dans la cuisine traditionnelle. Pour manger les ortolans, les convives doivent mettre une serviette sur la tête. La dégustation prend donc la forme d'un rituel, François Mitterrand est un habitué, fin connaisseur et grand amateur. Les ortolans seront au menu de son dernier réveillon de la Saint-Sylvestre le 31 décembre 1995 entouré de membres de sa famille et de ses plus fidèles amis. Si la chasse aux ortolans est interdite depuis 1979, le plaisir de Mitterrand à déguster ces volatiles a toujours fait partie du mythe et du mystère qui l'entoure. Sans doute parce que la face du Sphinx était dissimulée sous une serviette le temps de satisfaire cette étonnante gourmandise.

Jacques Chirac, grand ami des agriculteurs, amateur de bonne chère et de tête de veau, a lui aussi eu un labrador noir prénommé Maskou, offert par la faculté de médecine vétérinaire de Montréal en 1986 quand il était Premier ministre. Mais le chien le plus célèbre est sans nul doute son premier bichon maltais répondant au doux nom exotique de Sumo, en référence à sa passion pour le Japon. À l'Élysée, Jacques Chirac et son épouse Bernadette vivent avec Sumo qui n'hésite pas à profiter des jardins du palais. Mais quand vient le temps du déménagement en 2007 après la fin du second mandat de son maître, Sumo supporte mal la vie en appartement. Son caractère se métamorphose, Sumo devient agressif au point d'attaquer le président retraité. Bernadette Chirac se confie au journal *Le Parisien* : « C'était après dîner. J'étais en train de lire dans une pièce, il était couché par terre. Mon mari est arrivé, et il a sauté. Il l'a mordu à l'estomac. J'ai eu très peur parce qu'il y avait du sang. C'est terrible les petites dents comme ça. »[77] Le bichon est finalement placé en pension chez des amis du couple en Seine-et-Marne.

Le cheval blanc est le premier animal associé à Nicolas Sarkozy en campagne pour l'élection présidentielle victorieuse de 2007. Nicolas Sarkozy met en scène une chevauchée camarguaise sous l'œil des caméras et des objectifs des journalistes embarqués sur un plateau tiré par un tracteur. Une fois le président élu, la bande canine qui peuple l'Élysée se compose du labrador Clara, du carlin Dumbledor et du chihuahua Toumi. Les trois chiens sont restés célèbres pour avoir endommagé des meubles de la résidence. Le montant des restaurations aurait avoisiné les six mille six cents euros. C'est sans doute pour cette raison que François Hollande, désireux d'incarner une rupture dans le style présidentiel, n'a pas de chien lors de son entrée à l'Élysée. Mais un président normal se doit d'avoir un chien. Ce manquement à la tradition républicaine depuis Pompidou est comblé par un cadeau des anciens combattants français de Montréal. Pour les fêtes de fin d'année 2014, Philae, labrador noir, rejoint le président dans sa grande demeure de la rue du Faubourg-Saint-Honoré. Philae aurait aussi fait des siennes en

77. « Sumo, le chien qui aimait trop l'Élysée », *Le Parisien*, 2 octobre 2009.

télescopant un journaliste et en urinant sur les tapis de l'Élysée. Un chien turbulent en remplace bientôt un autre. Nemo, croisé labrador-griffon, devient le premier chien élyséen issu d'un refuge de la SPA, il est adopté par le président Macron et son épouse Brigitte. S'il ne l'a pas choisi, Emmanuel Macron est tout de même venu chercher Nemo au refuge d'Hermeray dans les Yvelines un beau jour de l'été 2017. Le labrador embarque dans la voiture du chef de l'État et gagne l'Élysée sous escorte présidentielle. Nemo a aussi la réputation d'être un brin facétieux et ne passe jamais inaperçu. Son prénom Nemo serait particulièrement apprécié à l'Élysée, il fallait bien un prénom de capitaine pour le chien du premier des Français.

Conclusion

Depuis l'Antiquité jusqu'à nos jours, de nombreux animaux ont donc été engagés à leur insu dans les conquêtes et les guerres les plus meurtrières menées par les êtres humains. Les deux guerres mondiales au XXe siècle étant les plus effroyables. Pour leur rendre hommage, un mémorial leur est dédié à Londres. Inauguré en novembre 2004 pour le 90e anniversaire du début de la Première Guerre mondiale, The Animals in War Memorial, le mémorial des animaux de guerre, se situe non loin de Hyde Park. Des commémorations ont lieu en l'honneur des animaux qui se sont illustrés lors des conflits les plus contemporains et notamment lors d'opérations de lutte contre le terrorisme. Sur ce mémorial londonien, une des inscriptions résume parfaitement le sort de ces nombreux animaux embarqués dans l'horreur des combats : « They had no choice », « Ils n'avaient pas le choix ».

Dans ses mémoires, la célèbre écrivaine et académicienne Marguerite Yourcenar s'est émue de l'« aspect bouleversant de l'animal qui ne possède rien, sauf sa vie, que si souvent nous lui prenons. »[78] Guerres, conquêtes, découvertes scientifiques, transports, agriculture, alimentation, économie, au fil des siècles, les animaux n'ont eu de cesse de participer à l'histoire des humains pour les humains. Les rôles qu'ils ont

78. YOURCENAR, Marguerite, *Les Yeux ouverts*, Centurion, Le Livre de Poche, Paris, 1980, p. 298.

joués dans l'histoire ont été écrits et définis par les humains dans leur unique intérêt.

Les animaux ont permis des découvertes majeures pour sauver l'espèce humaine des maladies, repousser les frontières de l'exploration, dépasser le ciel pour atteindre l'espace. Mais les animaux ont aussi été associés malgré eux à des projets funestes et à des entreprises de mort. Peu importe le camp, ils furent enrôlés dans de nombreuses armées, engagés dans de nombreux conflits, victimes de souffrances et parfois sacrifiés sans en avoir le choix. Les animaux ont même dû tester l'efficacité mortelle des armes de destruction massive qui pourraient anéantir toutes les espèces et détruire toute forme de vie sur la planète.

L'être humain, doté de capacités singulières exceptionnellement créatrice comme destructrice, par l'expression de son égocentrisme et de son libre arbitre, s'est placé au-dessus des êtres vivants jusqu'à chosifier les animaux et ériger des barrières morales, pratiques, juridiques pour justifier et encadrer son exploitation des animaux. Mais l'humain est un être vivant occupant la même planète, respirant le même air et exposé aux mêmes vents et au même Soleil que tous les animaux, il fait partie d'un tout. « Rappelons tout d'abord que l'humain est lui-même un animal. Un animal parmi tant d'autres » précise le Muséum national d'histoire naturelle de Paris.

Si cette réflexion et cette conclusion s'imposent au regard de l'Histoire, il ne faut pas pour autant oublier tous les hommes et toutes les femmes engagés pour le bien-être animal, la sauvegarde des espèces et le respect des animaux. Des scientifiques, des soldats, des maîtres-chiens, des agriculteurs tissent des liens forts avec les animaux et réfléchissent à améliorer leurs conditions de vie. Sur le plan militaire, même si elle fut tardive, la reconnaissance des exploits des animaux existe enfin à travers des distinctions honorifiques républicaines ou civiles. De nombreux chercheurs partagent des découvertes saisissantes sur les capacités des animaux et emploient même l'expression « intelligences animales ».

Marginale au XVIIIe siècle, esquissée au XIXe siècle, mieux organisée au XXe siècle, la défense de la condition animale est davantage présente dans le débat public et politique en ce XXIe siècle grâce à l'engagement de nombreuses associations, de militants, de citoyens et d'élus. Par leurs actions, les lois en faveur des animaux ont évolué, les actes de cruauté sont dénoncés ou punis. Une maxime de Gandhi (1869-1948), homme politique et philosophe indien, est certainement une source d'inspiration pour tous les défenseurs des animaux : « On peut juger de la grandeur d'une nation par la façon dont les animaux y sont traités ». Ces mots sont plus que jamais d'actualité et peuvent toujours nourrir la réflexion du débat public autour de la condition animale.

TABLE DES MATIÈRES

Du même auteur

(avec Chaunu), *Vous avez dit, monsieur le Président ?*, Armand Colin, 2022

Un reporter au coeur de la Libération. Des plages du Débarquement au bureau d'Hitler, Armand Colin, 2019

(avec Chaunu), *D-Day. Histoires mémorables du Débarquement et de la bataille de Normandie*, Armand Colin, 2019

Vérités officielles, comment s'écrit la Seconde Guerre mondiale, Vendémiaire, 2012

263059 - (I) - ENSO 80° - NOC - MGS
Imprimerie CHIRAT - 42540 Saint-Just-la-Pendue
Dépôt légal : novembre 2023 - N° 202310.0010

Imprimé en France